カタチから考える住宅発想法

「空間づくり」をはじめるための思考のレッスン

House Design
Inspirations from
Form and Living Style

大塚 篤

彰国社

住宅の空間づくりを
「カタチ」から
はじめてみる。

はじめに

　この本は、住宅設計を「カタチ」から考えていくことをテーマにしている。「いまどき、カタチなんてナンセンスじゃない？」という声が聞こえてきそうだ。けれど、建築ビギナーに限って言えば、設計課題に取り組むとき、「カタチ」からはじめてみることをオススメする。その大きな理由は2つある。

1.「コンセプト⇔カタチ」の関係をつかみやすい
　本来、はじめにやるべきことは、コンセプトづくりだ。それが計画の軸となり、肉づけするように空間を描き出していく。
　けれど、この正しい進め方は、コンセプトという姿のない概念を実体化する難しさがある。つまり、「コンセプトにふさわしい空間を生み出すには、あるていど空間を知っている必要がある」というジレンマだ。それは、「ニワトリとタマゴ、どっちが先？」という関係に少し似ている。ここで、手が止まってしまう人も少なくないだろう。
　ならば、逆の手順で進めてみよう。「カタチ」から空間を導き、「カタチ」特有の暮らし方や過ごし方を想像してみるといい。そこに計画のテーマは見い出せるはず。

2.「カタチ」は比較・検討・応用・蓄積しやすい
　本書で言う「カタチ」とは、現実の建築から、表面や細部の要素などを削ぎ落とした、プレーンな姿を想定している。それは、「フォルム」のような形状を指すのはもちろんのこと、「型」のような形式とか、「あり方」や「スタイル」などの状態を示すニュアンスも含んでいる。
　いずれも、「具体的」な建築空間を「抽象的」にとらえたイメージだ。抽象化して建築を考えるメリットは数多くある。現実の建築は、色やテクスチュア、ディテールなどの要素をまとっているから、つい、そこに目が向いてしまう。一方、「カタチ」は、本質を表した、空間そのものの姿である。だから、「カタチ」がもっている空間の特徴を見つけたり、空間同士の相違を比較しやすい。また、スタディの過程で「カタチ」を派生させるように展開したり、それらを体系づけた「ボキャブラリー」としてストックしやすい。しかも、「抽象的」に物事をとらえる視点は、設計以外の分野でも活きる。

　この本では、「カタチ」から住宅の空間を考えていくとき、注目してほしいポイントを30の視点に分類して紹介している。上手に設計するためのお手本とか、定番の結論へと導くハウツーマニュアルというよりは、あなたが「カタチ」を相手に思考を巡らすときの、手がかりとして活用してほしい。

2016年8月　大塚 篤

INTRODUCTION

INTRODUCTION 1

カタチを探し集め
比較してみる

住宅に限らず、僕らのまわりに存在する物は、なんらかのカタチを成している。けれど、見慣れていても、「どんなカタチからできているか」なんて、意外と意識していない。すでに知っている物のなかにも、まだ気づいていないカタチが隠れている。

だから、いろいろな物を観察し、多くのカタチを探し集め、比較してみよう。

建築を考えるとき、集めたカタチは、あなたにとって、基本のデザインボキャブラリーになる。それらを比較してみることで、カタチの体系的なつながりや広がりをつくり出していこう。

カタチを探し集める

身近な物のカタチに注目してみる

自然に存在するカタチを観察してみる

空間を現地にてカタチに置き換えてみる

専門誌の掲載事例でカタチを読み解いてみる

カタチを比較する

スケッチしながらカタチの派生を考えてみる

ラフ模型を似たもの同士に並べてみる

INTRODUCTION

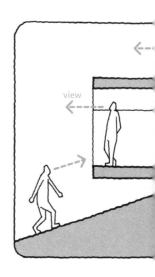

INTRODUCTION 2

カタチを
空間に見立てる

どれほど造形的に美しいカタチであっても、そのままでは、単なるオブジェにすぎない。カタチを建築に変えていくには、人が過ごすための「空間」として見立てる必要がある。もしも、「空間」という言葉にピンとこないなら、「居場所」と置き換えてもいいと思う。さまざまなカタチの中に、あなた自身が入り込んだ様子を想像してみよう。あちこちに陣取ったり、歩きまわったりして得られる印象は、どんなカタチの傾向によってもたらされるのだろうか。そして、わずかにカタチを操作すると、「空間」にはどんな変化が生じるだろうか。

INTRODUCTION

INTRODUCTION 3

カタチの中に暮らしを想像する

　住宅の内部は、がらんどうの空間ではないし、一様な室の集まりでもない。生活を営むうえでの具体的な機能や行為を想定し、諸室を設ける必要がある。
　とは言っても、あわてて間取りを考えはじめるのは、ちょっと我慢した方がいい。たとえば、「外とつながってるようなこの場所で、家族で食事をしたら楽しそう」とか、「ここの包まれたような場所なら、落ち着いて眠れそう」など、カタチの中に、住宅での過ごし方を位置づけていくことが大切だ。
　あなたがカタチから見立てた空間を、じっくりと観察しつつ、暮らしの場へと変えていこう。

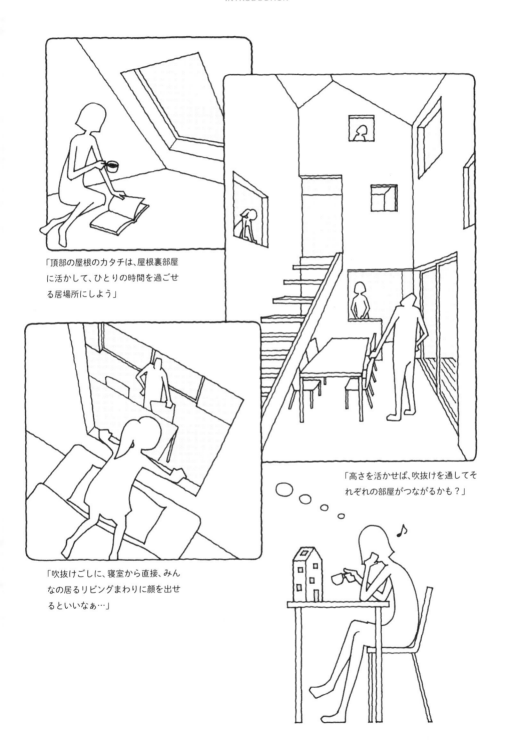

INSTRUCTION

困り具合に応じた、この本の手引き

設計課題への取り組みは、一難去ってまた一難。歩を進めるごとに、新たな悩みが立ちはだかるもの。この本では、そんな行き詰まりを感じた時々に、あなたの計画を検証したり、展開していくための30の視点を提案している。それらは、おおむね計画の進み具合に応じて、「空間」「立地環境」「機能構成」「室のまとまり」「ちょっとした居場所」というテーマを定めた、5つのchapterに分類されている。堂々巡りを回避して、さらに深く踏み込んでいくために、その都度この本を開いてみてほしい。

Q1：暗中模索、設計の手がかりが一向につかめない

建築ビギナーにとって、住宅設計で「何がテーマになるのか？」、そして「そのテーマには、いったいどんな空間がふさわしいか？」なんて、なかなか見通しを立てにくいものだ。だから、最初のうちは逆の手順を踏み、「カタチ」からはじめてみよう。計画の諸条件を頭に思い浮かべつつ、直感的にハマりそうな「カタチ」を、たくさんピックアップして、住宅の空間に見立ててみるといい。いろいろな「カタチ」に見られる空間の特徴をとらえ、そのなかに住宅設計のテーマを見出していこう。

→ CHAPTER 01 空間とカタチ

Q2：「敷地を読め」と言われても、どこを見ればよいのかわからない

漠然と土地を眺めているだけじゃ、設計の手がかりになりそうな要素は、つかみにくいもの。そんなときは、敷地に適当な「カタチ」を、代わる代わる置いてみるといい。要は、たたき台を据えてみるわけだ。敷地そのものを眺めるだけじゃなく、「カタチ」と敷地との関係に注目してみよう。そして、さまざまな「カタチ」で比較することから、敷地がもっている特性をあぶり出そう。

→ CHAPTER 02 立地環境とカタチ

INSTRUCTION

Q3：ロケットスタートをキメたものの、暗礁に乗り上げた

おおむね住宅の全体形は決めたものの、その先のまとめ方に迷うことがある。それは、自分が選んだ「カタチ」の骨格を意識していないせいかもしれない。たとえば、住宅の中にある空間を、ゾーンの集まりと見立てたり、居場所と機能とに切り分けたりして、「カタチ」の中に落とし込んでみよう。

→ CHAPTER 03 機能でまとめるカタチ

Q4：「どこもかしこも同じ空間に見える」と指摘された

ふだんの暮らしのなかには、家族で集まりたいときもあれば、一人になりたいときもある。そして、住宅の空間にも、たとえ同じカタチの中であっても、若干の差がある方がいい。カタチの中に、それぞれの使い方や過ごし方にふさわしい場所を探したり、位置づけたりしながら、空間を設えていこう。

→ CHAPTER 04 室のまとまりがつくるカタチ

Q5：これまで、いつも「詰めが甘い」と言われてきた

引越し前の、まだ家具が運び込まれていない住まいを想像してみよう。住宅として必要な室や設備が整っていても、人の暮らしの時々において、止まり木になるような居場所の計画に踏み込めていないのかもしれない。一般的には、家具や私物でテリトリーをつくる方法がある。けれど、ここでは空間そのものの操作によって、居心地良い場所のつくり込み方について考えていこう。

→ CHAPTER 05 ちょっとした居場所のカタチ

＊なお、文中における[→sec.01]などの注は、30の視点の番号を示す。CHAPTERをまたいだ手法のかかわりを理解し、思考の枠を拡げてほしい。

目次

はじめに		003
INTRODUCTION	1・カタチを探し集め比較してみる	004
	2・カタチを空間に見立てる	006
	3・カタチの中に暮らしを想像する	008
INSTRUCTION	困り具合に応じた、この本の手引き	010

CHAPTER 01
空間とカタチ

sec.01	引き算でつくるカタチ	018
sec.02	足し算でつくるカタチ	022
sec.03	細長いカタチ	026
sec.04	壁でつくるカタチ	030
sec.05	床でつくるカタチ	034
sec.06	屋根でつくるカタチ	038
sec.07	折り曲げたカタチ	042
sec.08	入れ子のカタチ	046
sec.09	隙間でつくるカタチ	050
sec.10	束ねてつくるカタチ	054
EXERCISE・01	同じ平面のまま、カタチを置き換えてみる	058

CONTENTS

CHAPTER 02
立地環境と
カタチ

sec.11	矩形の敷地に建つカタチ	062
sec.12	細長い敷地に建つカタチ	066
sec.13	不整形な敷地に建つカタチ	070
sec.14	隙間に建つカタチ	074
sec.15	斜面に建つカタチ	078
sec.16	木立の中に建つカタチ	082
EXERCISE・02	空間を覆うカタチの見立て	086

CHAPTER 03
機能でまとめる
カタチ

sec.17	ゾーンでまとめるカタチ	090
sec.18	動線でまとめるカタチ	094
sec.19	島型コアでまとめるカタチ	098
sec.20	壁際にコアをまとめるカタチ	102
sec.21	モデュールでまとめるカタチ	106
EXERCISE・03	空間を縁取るカタチの見立て	110

CONTENTS

CHAPTER 04
室のまとまりが つくるカタチ

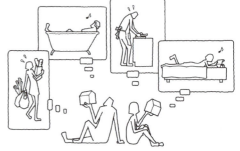

sec.22	リビングまわりのカタチ	114
sec.23	寝室まわりのカタチ	118
sec.24	水まわりのカタチ	122
sec.25	玄関まわりのカタチ	126

EXERCISE・04　断面でみる、暮らしを構成するカタチと寸法　130

CHAPTER 05
ちょっとした 居場所のカタチ

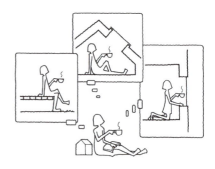

sec.26	隠れ処生活のカタチ	134
sec.27	床座生活のカタチ	138
sec.28	土間生活のカタチ	142
sec.29	窓辺生活のカタチ	146
sec.30	テラス生活のカタチ	150

EXERCISE・05　居場所をつくるカタチ　154

おわりに　156

CONTENTS

事例から学ぶカタチと空間

CHAPTER 01　空間とカタチ

ソラニタツイエ	岸本和彦／acaa	021
House O	五十嵐淳建築設計事務所	025
川西町営コテージB	アトリエ・ワン＋東京工業大学塚本研究室＋三村建築環境設計事務所	029
T House	藤本壮介建築設計事務所	033
浅草の町家	長谷川豪建築設計事務所	037
千ヶ滝の別荘	大西麻貴＋百田有希／o+h	041
イエノイエ	平田晃久建築設計事務所	045
森のなかの住宅	長谷川豪建築設計事務所	049
ドラゴン・リリーさんの家	山本理顕設計工場	053
尾道の家	谷尻誠＋吉田愛／SUPPOSE DESIGN OFFICE＋なわけんジム	057

CHAPTER 02　立地環境とカタチ

雨晴れの住処	原田真宏＋原田麻魚／マウントフジアーキテクツスタジオ	065
4・1（フォーワン）	手塚義明＋小池ひろの／K.T.Architecture	069
山王の住宅	納谷学＋納谷新／納谷建築設計事務所	073
タワーまちや	アトリエ・ワン	077
山の家	三浦慎建築設計室	081
展の家	武井誠＋鍋島千恵／TNA	085

CHAPTER 03　機能でまとめるカタチ

スモールハウスH	乾久美子建築設計事務所	093
二重螺旋の家	大西麻貴＋百田有希／o+h	097
T・N-HOUSE	北山恒+architecture WORKSHOP	101
Studio御殿山	千葉学建築計画事務所	105
矩形の森	五十嵐淳建築設計事務所	109

CHAPTER 04　室のまとまりがつくるカタチ

Kinari	松野勉・相澤久美／ライフアンドシェルター社	117
桜台の住宅	長谷川豪建築設計事務所	121
上尾の長屋	長谷川豪建築設計事務所	125
ハウス・イン・ニュータウン	能作淳平建築設計事務所＋大野博史／オーノJAPAN	129

CHAPTER 05　ちょっとした居場所のカタチ

house I	宮晶子／STUDIO 2A	137
Yawn House	小泉誠	141
羽根北の家	佐々木勝敏建築設計事務所	145
カタガラスの家	武井誠＋鍋島千恵／TNA	149
綴の家	植木幹也＋植木茶織／スタジオシナプス	153

CHAPTER 1

空間とカタチ

住宅に限らず、いざ建築を考えるとき、つい、室を間仕切ったり、継ぎはぎしたり…、といった「間取り」から考えてしまう。そんな方法も時には有効ではあるけれど、本章では、具体的な室の構成には一旦目をつぶり、さまざまなカタチを「空間」として見立てることからはじめよう。カタチは単なるモノの形状だけれど、そこに「人の居場所」を想像してみる視点が大事だ。あなたには、どんな過ごし方や気分を感じる居場所がイメージできるだろうか？

SECTION 01 | 引き算でつくるカタチ

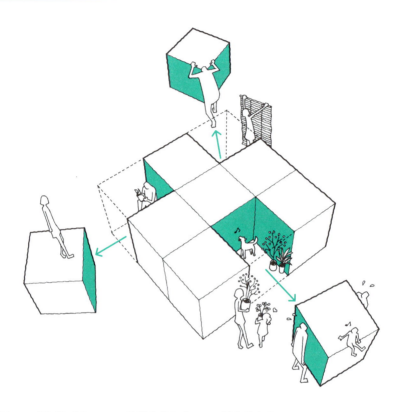

「リアス式海岸」を知っているだろうか？地図上で見ると、浸食された小さな入り江の連続が、凹凸のある海岸線を形づくる、水際の地形のひとつである。そこでは、陸と海とが互いにせめぎ合っている様子がみられる。言うなれば、境界線がゆらぎ、混じり、溶かされているような感じ。

このような、表面の凹凸によって内外が入り交じる様子を、住宅の外形に活かせないだろうか？

「住宅の内部に居ながら、すぐそばに外を感じられる暮らしにしたい」とか、そんなイメージを抱いたなら、まずは、ボリュームを欠き取るように引き算してみよう。

そのときのコツは、最初の外形を、ハコ型とかイエ型とか、単純なカタチにしておくこと。そして、いろいろな引き方を試して、見比べてみること。

[**ワンポイント**] 引き算の結果、残ったカタチには、どんな輪郭の内部空間が生じているだろうか？引き方を少しずつ変化させたスタディを繰り返し、その違いを比較してみよう。

SECTION 01・引き算でつくるカタチ

1　引き算の仕方をいろいろ考えてみる

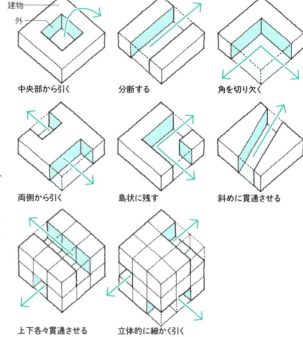

たとえば、ひとつの中庭を設けるように、大きく1カ所だけを引くこともあれば、小さな庭をあちらこちらに発生させるように、細かく引くこともできる。また、角を切り欠いたり、トンネル状に貫通させてみたり、思いつく限りの方法を試してみよう。引き算した結果、残った部分は内部空間に、欠き取られた部分は外部空間として見立てられる。このとき、引き算された場所を、庭だけでなく、玄関ポーチ*や屋上テラスなど、住宅に付随する半外部の空間として想像してみると、住宅のプランニングに結びつけやすい。

2　試しに家具などを配置してみる

引き算によって生じた、いくつかに分かれたコーナーは、家具などを置くことで、徐々に室に見えてくる。

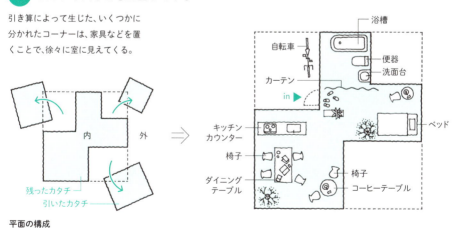

平面の構成

---

*玄関ポーチ：玄関扉の外側につくる、出入りのための空間。たいていは、庇を出したり、2階ボリュームの軒下に設けることで、雨天での出入りに配慮する。[→sec.25]

3 引き算で外に接する機会を増やしてみる

たいていの住宅は、敷地の南側に庭を確保し、建物は北側に寄せて配置されている。この配置のデメリットは、庭に接する室が限られること。引き算の発想に切り替えれば、元のカタチよりも周長（表面積）が長くなるため、庭と接する機会が増える。

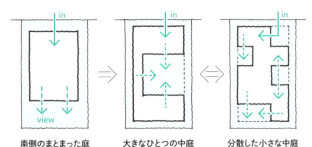

4 ワンルームにくびれで節目をつけてみる

ワンルームの空間で引き算すると、くびれたカタチは、空間の節目になる。くびれ具合によって、室同士のつながり方を調整することができる。

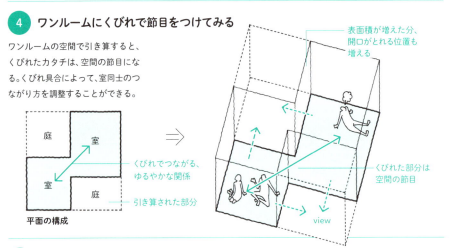

5 挟み込んだ庭で、室同士の距離感をつくってみる

小さく引き算すれば、あちらこちらにライトコート*を設けることができる。これらは採光の役割だけでなく、室同士の間に挟み込まれた「間仕切り」と同様の効果をもつ。

[ワンポイント] 引き算された部分は、たいていは中庭（ライトコート）に見立てることが多い。そこは、住宅内部のどんな室とつながるだろうか？そして、どんな役割の中庭になるだろうか？

SECTION 01・引き算でつくるカタチ

CASE STUDY 01　｜　事例から学ぶカタチと空間

引き算で「外」のような居場所をつくる

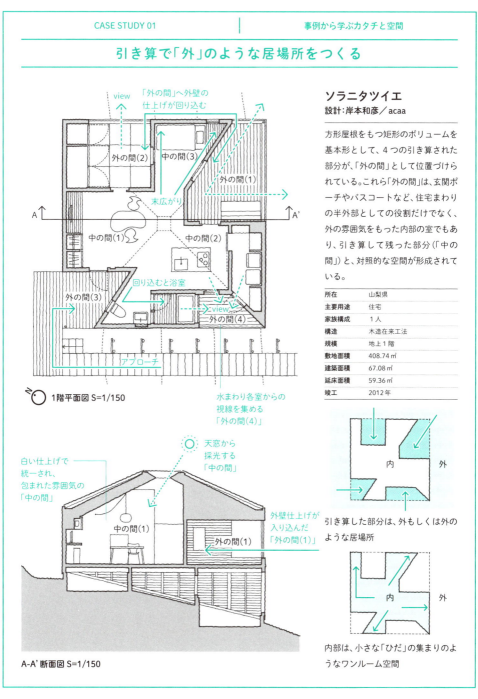

ソラニタツイエ
設計：岸本和彦／acaa

方形屋根をもつ矩形のボリュームを基本形として、4つの引き算された部分が、「外の間」として位置づけられている。これら「外の間」は、玄関ポーチやバスコートなど、住宅まわりの半外部としての役割だけでなく、外の雰囲気をもった内部の室でもあり、引き算して残った部分（「中の間」）と、対照的な空間が形成されている。

所在	山梨県
主要用途	住宅
家族構成	1人
構造	木造在来工法
規模	地上1階
敷地面積	408.74 ㎡
建築面積	67.08 ㎡
延床面積	59.36 ㎡
竣工	2012年

引き算した部分は、外もしくは外のような居場所

内部は、小さな「ひだ」の集まりのようなワンルーム空間

＊ライトコート：光庭。たとえば、敷地の周囲が密集した環境に建つ場合などで、採光や通風の確保を目的として設けられることが多い。空間づくりの面では、各室がそれぞれの小さな庭をもつような計画もあり得る。

SECTION 02 足し算でつくるカタチ

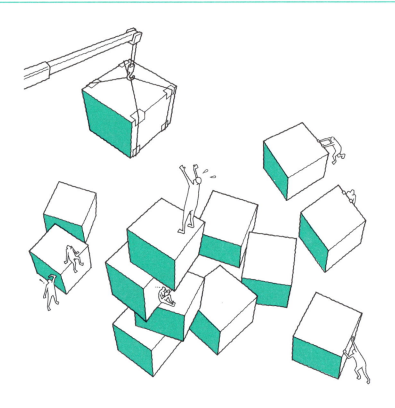

　住宅は、寝る、食べる、入浴する、排泄するなど、さまざまな行為が営まれる場で、たいていの場合、それらに対応した室が用意されている。つまり、住宅に限らず、建築はいくつかの機能をもつ室の集合体であるから、当然、足し算の発想で全体を形づくる方法は、素直な選択肢のひとつだ。

　まずは、同じサイズのボリュームを沢山用意して、どのような並べ方があり得るか試してみよう。たとえば、同じ数珠つなぎの並べ方でも、直線状とは限らない。雁行＊させたり、囲い込んだり、S字に折り畳んだり、積極的にずらしてつないでみよう。

　ここで大事なのは、それぞれの足し算によるカタチが、どんな家族の暮らし方にふさわしいか、どんなシチュエーションの敷地にマッチするだろうか、などと想像してみることだ。

[ワンポイント] 足し算したカタチの全体は、大きなひとつのワンルームとして見立てよう。そして、室の集まりというよりは、小さな「ひだ」のような空間が集まった姿をイメージして検討するといい。

SECTION 02・足し算でつくるカタチ

1 ボリュームのつなぎ方と開く向きを考えてみる

足し算するようにボリュームを並べてみたら、どこに開口を設けたらよいか想像してみよう。カタチに応じた開く向きや、外との関係のつくり方が浮かび上がるはず。

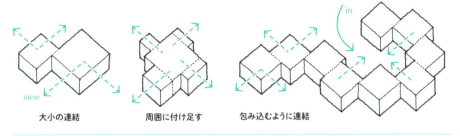

大小の連結　　　周囲に付け足す　　　包み込むように連結

2 足し算したカタチの内と外に注目してみる

足し算したカタチは、その内部に、ほぼ外形そのままの空間が連なる。一方、外形の凹凸は、小さな入り江のように、外を引き寄せる。

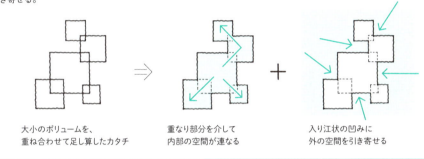

大小のボリュームを、　　重なり部分を介して　　入り江状の凹みに
重ね合わせて足し算したカタチ　内部の空間が連なる　　外の空間を引き寄せる

3 試しに家具などを配置してみる

足し算したカタチの中に、それぞれのボリューム単位で機能を定め、家具を配置してみよう。

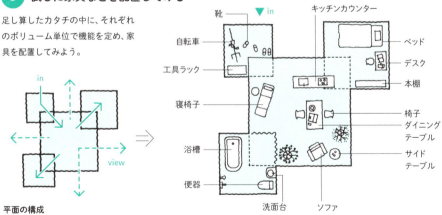

平面の構成

＊雁行：編隊飛行をする雁（がん）の列にたとえた、斜めにずらした配置のこと。空間づくりの面では、ボリュームを直列させるよりも、開口の面積や向きの選択肢が増す。また外形に生じる入隅部分に、外を引き寄せることができる。

4 つなぎ方のサジ加減を考えてみる

ボリューム同士のつなぎ目は、接したり、重ね合わせたり、サジ加減によって、つながり具合を調整することができる。

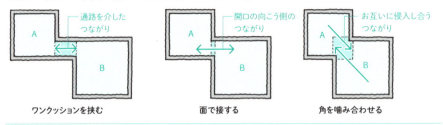

5 機能に応じたつなぎ方を、断面で考えてみる

ボリューム同士のつなぎ目は、異なる機能の空間同士が接することが多い。平面だけでなく、断面でも、それぞれに応じたつながり具合を検討してみよう。

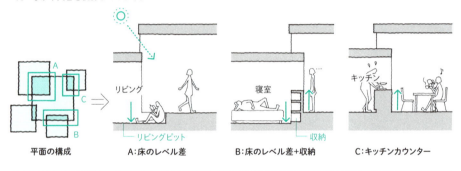

6 垂直方向にも足し算してみる

雁行させた配置のように、ボリュームをずらして足し算すると、外と接する部分が生じやすい。それは、平面だけでなく、立体的に積み上げて足し算する方法でも同様だ。カタチのずれた部分に、天窓や、テラス、玄関ポーチなど、半屋外の空間を想像してみよう。

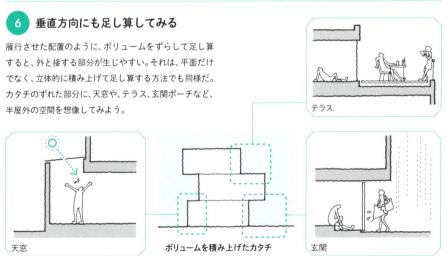

[**ワンポイント**] 足し算したカタチのひとつひとつのボリュームは、住宅を構成するなんらかの室になるはずだ。それぞれがどんな室にふさわしいか想像しながら、ボリュームの配置を検討しよう。

SECTION 02・足し算でつくるカタチ

CASE STUDY 02 | 事例から学ぶカタチと空間

ボリュームの連なりがつくり出す内部の奥行き感

House O
設計：五十嵐淳建築設計事務所

リビングを中心に、機能ごとのボリュームの枝分かれによって、放射状に連結した全体形をもつ。ボリューム同士の距離感は、相互の関係に合わせて、重なり代（＝開口サイズ）と、接する角度（＝見通し具合）によって調整されている。

所在	北海道
主要用途	専用住宅
家族構成	夫婦
構造	木造
規模	地上1階
敷地面積	1483.65㎡
建築面積	112.15㎡
延床面積	112.15㎡
竣工	2009年

1階平面図 S=1/250

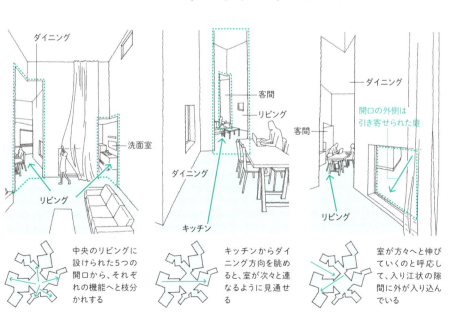

中央のリビングに設けられた5つの開口から、それぞれの機能へと枝分かれする

キッチンからダイニング方向を眺めると、室が次々と連なるように見通せる

室が方々へと伸びていくのと呼応して、入り江状の隙間に外が入り込んでいる

SECTION 03 | 細長いカタチ

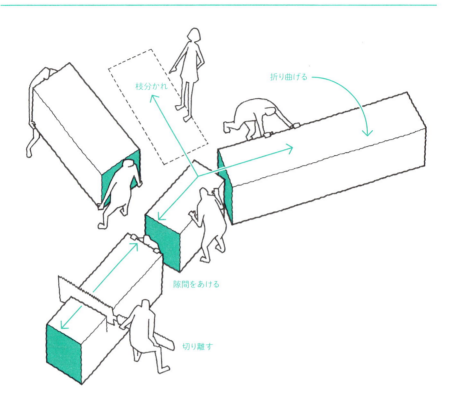

　一般的な認識として、細長い住宅は、狭苦しいような、ネガティブなイメージがつきまとう。はたして、細長いカタチは不自由な空間なのだろうか？

　身近な体験から想像してみると、通勤電車の細長い車内は、もしもガラガラに空いていたら、遮るもののない奥行き感や、ワンルームのような開放感がある。ロングシートは、どこでも窓際の特等席だ。

　また、洞窟見学をするとき、管理されたルートだとわかっていても、枝分かれの道に「その先になにがあるのだろう…」とドキドキしてしまう。ときおり、岩の切れ目から光が差し込んだり、垣間見える外の光景に目を奪われることもある。

　こうした細長いカタチを体験するときの魅力や気持ちの動きを想像して、住宅の空間づくりに反映してみよう。

 [**ワンポイント**]細長いカタチの内部空間は、身の回りにある動線での体験に近いかもしれない。[→sec.18]廊下や道幅の狭い路地、川辺の遊歩道、樹木のトンネルなどから、住空間に活かせるヒントを探してみよう。

SECTION 03・細長いカタチ

1 細長さのメリットを考えてみる

「幅が狭い」「距離が遠い」「壁が長い」など、細長さに起因するデメリットに感じられる特徴も、ポジティブに解釈してみよう。たとえば、距離の遠さは、空間内に奥行きをつくり出したり、機能が異なる空間同士を、壁で仕切らなくても、ゆるやかに位置づけていくきっかけとなる。

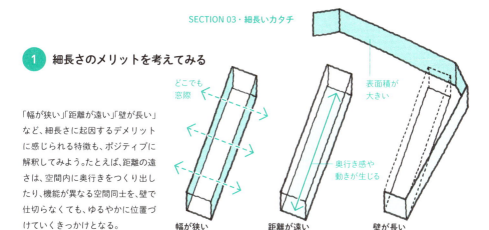

2 折り曲げたり切り離したり、外との関係をつくってみる

細長いカタチを折り曲げると、外との結びつきを想像しやすい。また、途中で分断してみると、この切れ目は、細長いカタチによって切り分けられた外同士に、再びつながりを与える。

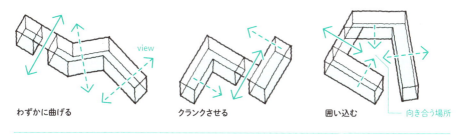

3 細長さの中に節目を設けてみる

同じ断面形で連続するトンネル状の空間内は、どこも一様の場所に感じられて、プランを具体化するきっかけがつかみにくい。そんな風に感じたら、住宅に必要な機能を、空間内の節目として設けてみよう。コツは、長手方向の連続性を遮らないこと。

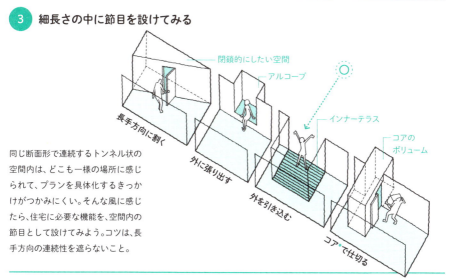

*コア：平面計画上、設備や収納、階段、構造などを集約して、閉じたボリュームにまとめたもの。空間づくりの面では、ワンルーム内をゆるやかに分ける「空間の節目」にできる。[→sec.19]

CHAPTER 01・空間とカタチ

4　ゆるやかなゾーン分けとそれぞれの「向き」を考えてみる

細く、折れ曲がった道を歩くとき、見通しがきかず、その先への期待感を抱くことがあるだろう。同様に、細長いカタチのワンルーム内でも、折り曲げによる見え隠れを利用した、ゆるやかなゾーン分けを行うことができる。そのとき、壁と開口の割り付けを工夫することで、それぞれの居場所での「向き」をつくり出すことができる。

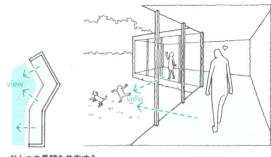

ひとつの景観を共有する

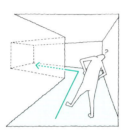 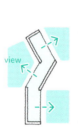

見通せない居場所　　　　互い違いに振り分ける

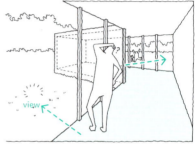

5　いろいろなカタチと空間の分節を試してみる

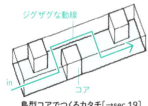

島型コアでつくるカタチ[→sec.19]

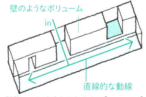

壁際にコアをまとめたカタチ[→sec.20]

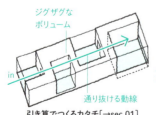

引き算でつくるカタチ[→sec.01]

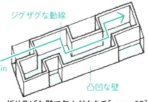

折り曲げた壁で包んだカタチ[→sec.07]

細長いカタチを住宅の空間としてまとめるとき、ゾーンごとに、なんらかの節目を設ける必要がある。折り曲げたり、右ページの事例のように、枝分かれさせたりといった、外形上の操作をはじめとして、本書のほかの項目で紹介しているカタチの操作もまた、細長いカタチの中に導入してみよう。

 [**ワンポイント**] 細長いカタチの住宅事例を集めて、プランニングのコツをつかもう。たとえば、内部空間の節目のつけ方や、閉じた室のつくり方、開口の設け方、それぞれの空間の向きなどに注目してみるといい。

SECTION 03・細長いカタチ

CASE STUDY 03 | 事例から学ぶカタチと空間

細長いワンルーム内の動きにともなう居場所と向き

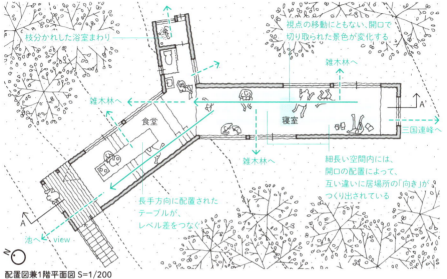

配置図兼1階平面図 S=1/200

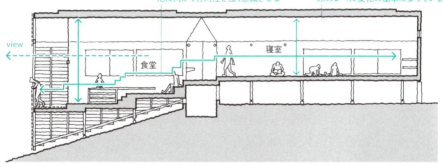

A-A'断面図 S=1/200

川西町営コテージB
設計:アトリエ・ワン+
東京工業大学塚本研究室+
三村建築環境設計事務所

食堂、寝室、水まわりの3つのゾーンが、細長く枝分かれした形状で構成されている。一定高さの天井の下では、床レベルの変化、互い違いに配置された開口、長手方向のキッチンのカウンターテーブルなどによって、地形に沿った動きにともない、いくつかの居場所と向き、景色の変化などがつくり出されている。

所在	新潟県
主要用途	キャンプ場の宿泊用コテージ
構造	木造
規模	地上1階
敷地面積	16430.00 ㎡
建築面積	63.70 ㎡
延床面積	63.70 ㎡
竣工	1998年

CHAPTER 01・空間とカタチ

SECTION 04 | 壁でつくるカタチ

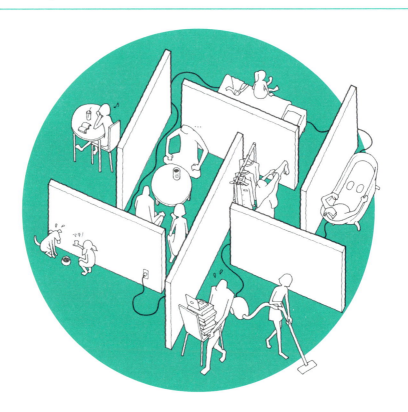

　たいていの人は、建築を「中身が空洞の閉じた箱」として認識している。その箱を構成する要素には、「床・壁・天井」の3種類が挙げられるが、なかでも「壁」は、視覚的に目に入りやすいため、空間にとりわけ大きな影響を与える。

　ここでは、「壁」の特性を理解するため、「箱」を一旦解体し、「バラバラな壁の集まり」でつくる空間を考えていく。

　たとえば、1枚の壁の存在は、あちらとこちらを隔てるだけでなく、背中を預けてみたり、壁に沿った動きを示唆したりする。さらに、壁が2枚以上に増えると、それらに挟まれた場所や入り隅が生じることで、徐々に室内のような雰囲気を帯びてくる。

　そこにみられる、内部のようでも、外部のようでもある、あいまいな状態が、壁でつくる空間の特性のひとつだ。

 [ワンポイント]壁を用いた代表的な住宅事例には、ミース・ファン・デル・ローエの「ベルリン建築展モデル住宅」(1931)などがある。壁の配置と空間のまとまり、空間同士のつながりについて観察してみよう。

SECTION 04・壁でつくるカタチ

1 「建築＝閉じた箱」という思い込みを解体してみる

建築は、常に箱型とは限らない。原則的に、建築の空間は「床・壁・天井（もしくは屋根）」の3つの要素からなりたっている。けれど、なにかが欠けた状態もあり得る。空間を考える最初の段階では、これらの要素のうち、ひとつだけを取り出して、検討を進める方法も有効だ。まずは、壁からはじめてみよう。

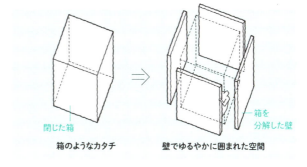

2 壁の配置を考えてみる

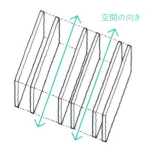
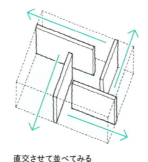

箱の思い込みから解放されると、壁を自由に配置することができる。たとえば、壁を平行に並べる場合、均等間隔を基本に据えて、壁同士の幅を少しずつ変化させ、相互に比較してみよう。そこに生じる、バーコードのような「広い・狭い」といった幅の差は、具体的な室のイメージへと結びついていく。風車型や放射状など、ほかの配置の場合でも、壁をわずかに動かしてみて、空間の変化を観察してみよう。

3 試しに家具などを配置してみる

風車のように壁を直交させたカタチのなかに、住宅の室をイメージして、家具を配置してみよう。

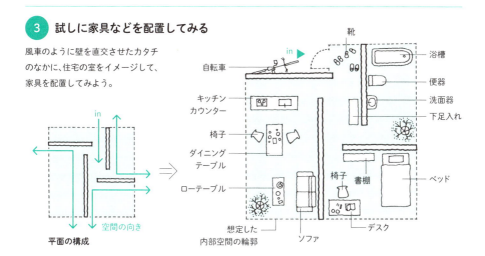

CHAPTER 01・空間とカタチ

④ 壁の周囲に内部の空間を見立ててみる

壁の周囲には、自由に内部の空間を見立てることができる。右図は、床の輪郭をずらして比較した例である。壁の周辺に、新しい居場所や空間のつながり方が生じている点に注目してみよう。このポイントは、屋根をかける場合でも同様である。

⑤ 壁の高さと空間のつながり具合を考えてみる

壁は、高さの変化によって、空間同士のつながり具合を調整できる。また、壁の付近に寄り添うような居場所をつくり出す。

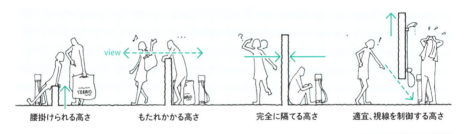

⑥ 壁の開口で、空間のつなぎ方を考えてみる

あちらとこちらを、どんな関係でつなげたいか？壁にあける開口の、位置や大きさ、形状などに注目しよう。それは、内外の境界だけでなく、内と内との境界でも同様だ。

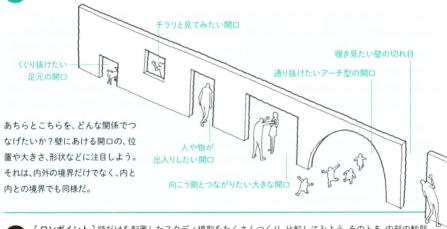

[ワンポイント] 壁だけを配置したスタディ模型をたくさんつくり、比較してみよう。そのとき、内部の輪郭をどこに設けるか、床はどこまで延長されるか、屋根はどこに架けるか、といった見立てが重要。

SECTION 04・壁でつくるカタチ

CASE STUDY 04 | 事例から学ぶカタチと空間

「近くても見えない」けれど「離れてもすぐそば」な関係

配置図兼1階平面図 S=1/150

プライベートな室は、入口が狭く、奥は広がった「巾着」のような空間

中央部を挟んだ向こう側に居ても、見通しの良い角度であれば、すぐそばに居るようだ

壁の角度によって、プライベートな室の奥まで見通せない、見えそうで、見えにくい関係

T House
設計：藤本壮介建築設計事務所

放射状を少し崩して壁が配置され、それら壁同士の隙間が、住宅の各室に割り当てられている。室同士は、互いの位置関係や角度によって、奥まで見通せたり、入口付近だけが垣間見える。すべての空間が至近距離に集まりながらも、近さと遠さがつくり出されている。

所在	群馬県
主要用途	専用住宅
家族構成	夫婦＋子2人
構造	木造
規模	地上1階
敷地面積	144.47㎡
建築面積	90.82㎡
延床面積	90.82㎡
竣工	2005年

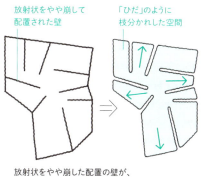

放射状をやや崩して配置された壁

「ひだ」のように枝分かれした空間

放射状をやや崩した配置の壁が、「ひだ」のように枝分かれした空間をつくり出し、物陰のような、小さなコーナーの集まりから全体が構成されている

CHAPTER 01・空間とカタチ

SECTION 05 | 床でつくるカタチ

　芝生でピクニックを楽しむとき、1枚のレジャーシートを敷いた途端、そこがあなたの定位置に変わる。これは、地面の一部がほかと区別された、床だけの、最もシンプルな空間のはじまりと言える。

　ふつう、建築の床だけを取り出して観察することはできないけれど、少しだけ想像力を働かせて、床だけの住宅の姿を思い浮かべてみよう。

　「木造住宅の1階の床は、地面から450mmくらいの高さだから、腰掛けに丁度いい」とか、「階段を上がった2階の床は展望台のようだ」「その下の日陰は、落ち着く居場所に感じられる」など、隠れた魅力があらわになる。

　床の支え方や、壁で仕切ったりする方法は後回しにして、まずは、床だけの空間づくりからはじめてみよう。

　[**ワンポイント**]身近な屋外空間で、気になる床のレベル差を探してみよう。それらの「床だけ」をピックアップした空間を想像しつつ、断面スケッチを描き、床の「きわ」がどんな役割をもつか観察してみよう。

SECTION 05・床でつくるカタチ

1 床のレベル差を考えてみる

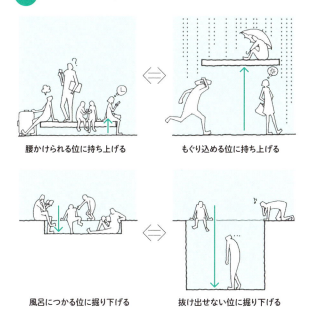

腰かけられる位に持ち上げる　もぐり込める位に持ち上げる
風呂につかる位に掘り下げる　抜け出せない位に掘り下げる

床を上げたり、下げたりすると、そこに特別な場所を見出すことができる。床を上げると、周囲よりも目立つ場所ができるし、掘り下げると、巣穴のように、落ち着く場所になる。このとき大事なのは、ふだん行っている行為や動作などに適した「高さ」を把握していること。階段、腰掛け、テーブル、キッチンカウンター、天井高や階高などの寸法を観察し、それらの高さに、床のレベルを合わせてみよう。

2 床を垂直・水平に移動してみる

たとえば、2階建ての住宅で、床を上下・左右にずらしてみると、天井高に変化が生じる。それぞれの空間は、どんな気分の居場所になるだろう。

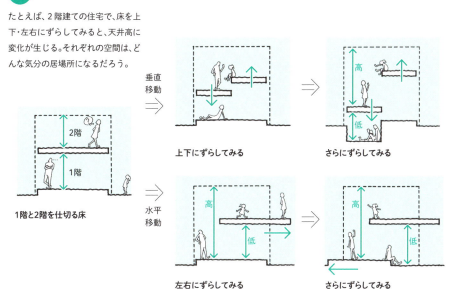

1階と2階を仕切る床
垂直移動 → 上下にずらしてみる → さらにずらしてみる
水平移動 → 左右にずらしてみる → さらにずらしてみる

CHAPTER 01・空間とカタチ

3 階段を床の連なりに見立ててみる

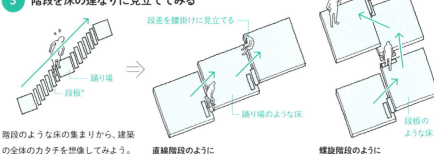

階段のような床の集まりから、建築の全体のカタチを想像してみよう。

直線階段のように　　　螺旋階段のように

4 床のレベル差を居場所に見立ててみる

床のレベル差と、身近な物の寸法を比較してみよう。ちょっとした居場所を設けるきっかけが、あちらこちらに発見できるはず。

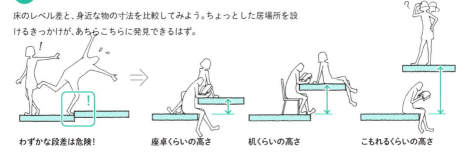

わずかな段差は危険！　　座卓くらいの高さ　　机くらいの高さ　　こもれるくらいの高さ

5 半端なレベル差の床を考えてみる

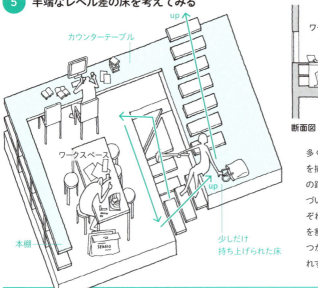

多くの住宅では、床は大きさと高さを揃えて重ねていく。けれど、床同士の距離を接近させると、上下階が近づいた関係が生じる。このとき、それぞれのレベル差に、なんらかの機能を割り当ててみよう。そして、頭がぶつからないよう、注意することも忘れずに。

[**ワンポイント**] 右頁で紹介した「浅草の町家」（設計：長谷川豪）をはじめ、床の重なりやレベル差が特徴的な住宅事例を集めて、「床だけ」のラフ模型をつくってみよう。床の扱い方の違いや共通点を比較するといい。

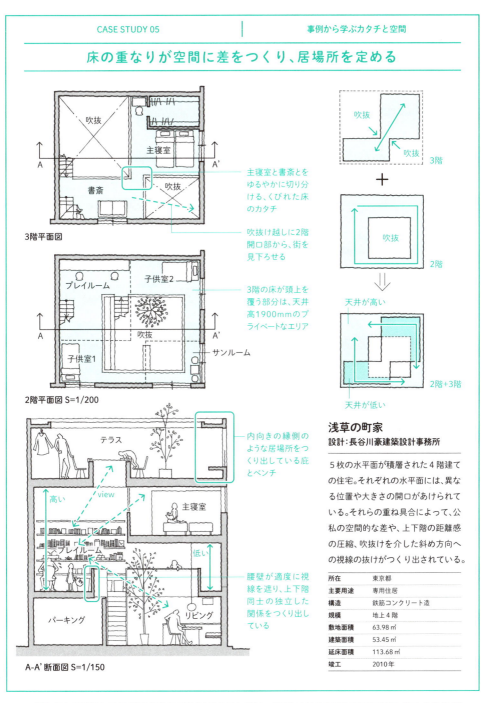

SECTION 06　屋根でつくるカタチ

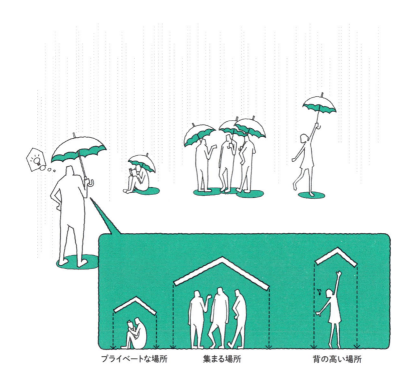

プライベートな場所　集まる場所　背の高い場所

　相合い傘は、とても魅惑的なシチュエーションだ。その理由はズバリ、「ひとつ屋根の下」だから。
　1本の傘は、その下に、極めてパーソナルでプライベートな場をつくり出す。また、傘をさした人同士が寄り集まると、大きな室のようにも、家同士が寄り添った、小さな集落のようにも見えてくる。雨の日に、都心の路上を見下ろす光景は、色とりどりの傘が連なり、凹凸のある輪郭をもつ地形を連想させる。
　さらに注目したいのは、傘の下が「半屋外」である点だ。どこまでが内とも、外とも解釈できる曖昧さは、内外が混じり合った状態を想像させてくれる。
　大きな1枚の屋根(もしくは天井)の下に、個人も集団も、内も外も一緒くたにした空間イメージからスタートしよう。

 [**ワンポイント**] 公園のパーゴラや東屋、バス停のキャノピー、駅のプラットホームなど、屋根が印象的な半屋外の空間は、意外と身近に存在する。これらを住宅に設えたらどうなるだろう？

SECTION 06・屋根でつくるカタチ

① 伝統的な屋根による空間を再確認してみる

近代化された現代ではわかりにくいけれど、空間のなりたちには、歴史的にみて、壁で囲んだものと、屋根で覆ったものがある。日本の伝統的な建築の多くは後者に属する。大きな屋根に覆われたその下の、暗がりの中に、多様な居場所が内包されていた。

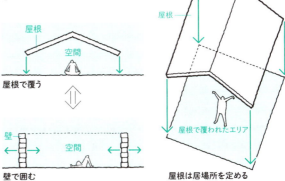

② 空間を屋根で切り分けたり、まとめてみる

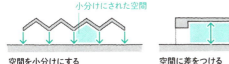

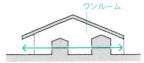
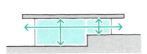

屋根面の凹凸が、その下のワンルーム空間を、小さく切り分けることがある。一方、その下にある空間が、変化に富む場合、大きくてシンプルな1枚の屋根は、全体を統合する。

③ 屋根だけの空間を想像してみる

天井は、いつもフラットに張られるとは限らない。屋根そのものに覆われたような勾配天井の空間は、屋根裏で過ごすような、特別な雰囲気をつくり出す。

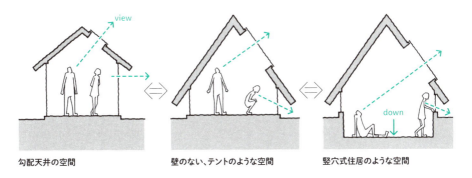

CHAPTER 01・空間とカタチ

4 屋根のカタチと、その下のカタチを考えてみる

屋根に覆われた内部空間のカタチは、屋根のカタチと同じでなくてもいい。大きな1枚の屋根の下で、内外が入り混じり、変化に富む暮らしを想像してみよう。

屋根のカタチそのままにつくる ⇔ あえて屋根のカタチを無視する

5 屋根の凹凸で、空間を拡張してみる

屋根のカタチに凹凸をつけると、その下の空間に変化をもたらす。それは、人が納まるほどに大きな凹凸であれば、頭上に新たな空間をつくり出す。

屋根を折り曲げてみる [→sec.07] ⇔ さらに大きく突き出してみる [→sec.26]

6 大きな屋根に包み込んでみる

背の高い屋根のカタチは、内部の空間を立体的に包み込める。高さを活かして、屋根の下に居場所を積み上げてみよう。

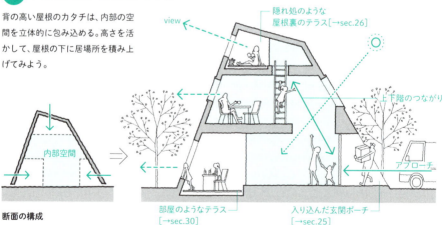

断面の構成

屋根で立体的に居場所を包み込んでみる

> **[ワンポイント]** 屋根の形や天窓（トップライト）、高窓（ハイサイドライト）*が特徴的な事例を集め、それらを断面スケッチすることを通して、その下に生じる空間について観察してみよう。

SECTION 06・屋根でつくるカタチ

CASE STUDY 06 | 事例から学ぶカタチと空間

屋根と斜面との間につくられた3つの居場所

屋根の下は、地面の地形に沿って森が連続するよう

view

ベッドルーム

包まれた屋根裏のようなベッドルーム

床の開口からは、屋根裏からの淡い光が降り注ぐ

浴室　リビングダイニング

断面図 S=1/150

千ヶ滝の別荘
設計：大西麻貴＋百田有希／o+h

樹木のシルエット、もしくは森の木立の隙間をなぞったような形状の屋根が特徴的な住宅。少しだけ浮かべられた屋根と斜面との間には、森の中の隠れ処のような、3種類の居場所がつくり出されている。

所在	長野県
主要用途	週末住宅
構造	鉄骨造
規模	地上1階
敷地面積	988.72 ㎡
建築面積	63.41 ㎡
延床面積	68.87 ㎡

木立の下に生じる隙間に居るような居場所

地中の巣穴のような居場所

森の斜面が、そのまま通り抜けていくような居場所

屋根の下にある3つの居場所

＊**高窓**：壁面の高い位置に設けるのが「高窓（ハイサイドライト）」、屋根面に設けるものは「天窓（トップライト）」と呼び分ける。いずれも、平面上の奥まった場所への採光に用いると有効である。

SECTION 07 | 折り曲げたカタチ

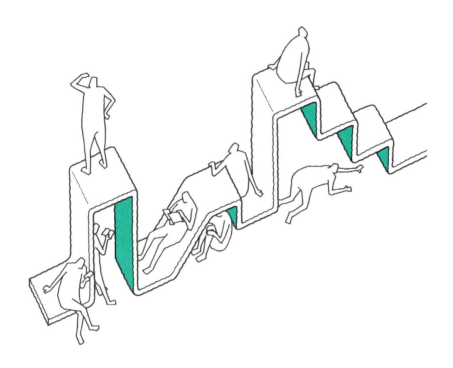

　ここまでに、「壁」「床」「屋根」という、それぞれの要素を、独立した部位として認識する視点で紹介してきた。

　けれど、「折り曲げ」によるカタチで空間づくりを試みるとき、部位としての区分は取り去った方がいい。一筆書きのような、シームレス＊な面で形成されたカタチと空間を想像してみよう。

　たとえば、1枚の大きな面の折り曲げによって、空間全体を包み込んだり、人の足場になったり、頭上を覆ったりと、面の意味を変化させることができる。また、細長い帯のような面を、巻き込んだり、折り畳むと、外皮になったり、内部の空間同士を切り分けるものにも見立てられる。

　このとき大切なのは、具体的な部位の名称にとらわれず、「○○のようなもの」という、抽象的なイメージをもつこと。

　[ワンポイント] ケント紙を30mm幅に切り出した帯を用意する。これを1/100スケールの壁に見立て、山折りしたり、谷折りしたり、巻き込んでみたり、こうした折り曲げのなかにできる空間を観察してみよう。

SECTION 07・折り曲げたカタチ

1　1枚の壁を折り曲げて、全体のカタチを考えてみる

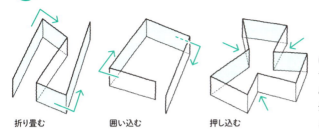

はじめは、1枚の帯状の壁を想定して、いろいろな折り曲げ方を試してみよう。それぞれのカタチを、建築の全体形として想像してみたとき、どんな空間が生じているだろうか。

折り畳む　　囲い込む　　押し込む

2　壁の凹凸で、部分の空間を考えてみる

壁の凹みは、小さな居場所になる。このとき、凹みの幅や深さ、開口の開き具合によって、居場所としての特性は変わる。また、壁の凹凸は、表裏両面の空間に作用する。

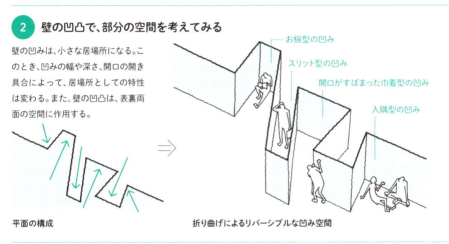

平面の構成　　　　折り曲げによるリバーシブルな凹み空間

3　折り曲げた壁の周囲に家具などを配置してみる

折り曲げた壁の配置によって、その表裏両面に、ひとまとまりのリビングまわりと、引き延ばされたプライベート空間を配置してみた例。

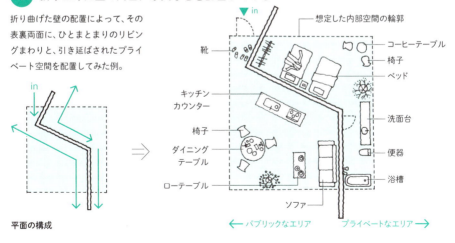

平面の構成　　　←パブリックなエリア　　プライベートなエリア→

＊シームレス[seamless]：シーム[seam]とは縫い目のこと。シームレスとは、つなぎ目のない、もしくはつなぎ目を感じさせない状態を示す。空間づくりにおいては、部位や領域の境界を溶かすようなつくり方、表現方法を表す言葉。

4 折り曲げた壁に、内外を包み込んでみる

折り畳んだ1枚の壁の周囲に、どこが内部の空間として見立てられそうか想像してみよう。このとき、包まれた、奥まった居場所が、内部空間とは限らない。

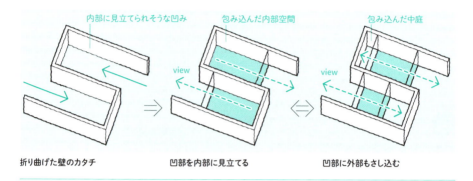

5 壁の凹凸でアルコーブをつくってみる

壁を凹ませ、主室から張り出した小さな空間を「アルコーブ」* と呼ぶ。壁を折り曲げて、ワンルームの中に、ちょっとした別室のような、隠れ処のような居場所を設けてみよう。
[→sec.26]

 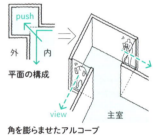

6 断面のカタチでも折り曲げてみる

外壁や屋根を、外側から押し込んだ凹みは、住宅の外まわりで、どんな役割の空間に見立てられるだろうか？また同時に、凹みの裏側で、内部の空間が分節される様子にも注目してみよう。

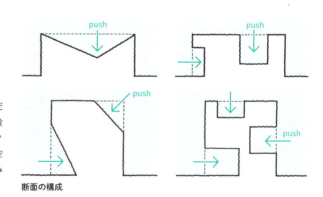

 [**ワンポイント**] 折り曲げて空間をつくる方法は、平面上の壁だけでなく、屋根や床にも応用できる。立体的につながる「ひだ」のような内部空間を想像してみよう。

SECTION 07・折り曲げたカタチ

CASE STUDY 07 | 事例から学ぶカタチと空間

屋根の折り曲げがつくり出す、2階の屋根裏感

2階の各居室は、それぞれに独立した屋根裏のよう

view

トップライトからの視界は、対面する屋根に沿って空へと抜ける

お互いの声は聞こえるが、視線は街を介した関係

キッズルーム

書斎

up

トリエンナーレスペース

ダイニング

A-A'断面図 S=1/100

屋根と1階のボリュームによって絞り込まれた空間の「くびれ」

イエノイエ
設計：平田晃久建築設計事務所

中央部を凹ませるように、屋根が3次元的に折り曲げられている。その結果、2階の各室同士はゆるやかに分節され、それぞれが勾配天井に覆われた、屋根裏のような空間がつくり出されている。

所在	神奈川
主要用途	横浜トリエンナーレパビリオン
構造	木造
規模	地上2階
建築面積	82.63㎡
延床面積	123.49㎡
竣工	2008年

外 / push / 内 / 内

断面の構成

書斎 / 茶室 / キッズルーム

2階平面図 S=1/250

＊**アルコーブ**：壁面を凹ませてつくった小さな空間。おおむね、人が入れるくらいのものがアルコーブ。物を飾ったり、収納したりする程度の、奥行きの浅い凹みは「ニッチ」と呼ばれる。

CHAPTER 01・空間とカタチ

SECTION 08 入れ子のカタチ

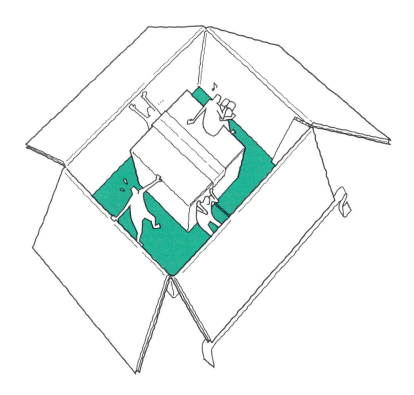

マトリョーシカをご存知だろうか？

中空につくられた木製人形の上半身をカパッと開けると、ひとまわり小さいけれど、同じカタチの人形が、中から次々と、繰り返し現れる、ロシアの入れ子人形である。

スムーズに開閉、出し入れするため、大小の人形の間には、クリアランスとしての隙間が生じる。

「マトリョーシカ界」（そういうのがあるならば）では、人形内外の隙間が小さいほど、評価も高いのだろう。

ところが、「建築界」の「入れ子」では、隙間がルーズにあいている方が具合がよい。むしろ、「隙間をどのように活かすか？」が重要だ。重層的なカタチと空間の中で、隙間自体を居場所として位置づけたり、内外が適度に浸透し合うイメージをもって、建築の「入れ子」を考えていこう。

［**ワンポイント**］大小さまざまなサイズの箱を用意して、入れ子状に組み合わせてみよう。一番大きな外側の箱には、底面に色紙を貼りつけておくといい。内側の小さな箱をずらしたとき、隙間の変化に注目しやすい。

SECTION 08・入れ子のカタチ

1 箱よりも、むしろ隙間に注目してみる

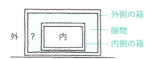

断面の構成

入れ子のカタチを考えるときには、箱そのものよりも、箱と箱の間に生じる隙間の空間に注目したい。たとえば、隙間の幅が均一であると、プランニングのきっかけをつかみにくい。しかし、内側の箱を少しずらしてみると、隙間の幅が変化する。それぞれの幅の違いに、どんな居場所や機能が想像できるだろうか?

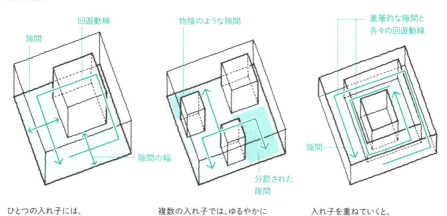

ひとつの入れ子には、箱同士の隙間に回遊性が生じる

複数の入れ子では、ゆるやかに分節されたコーナーが生じる

入れ子を重ねていくと、隙間の層も重層化していく

2 同じ平面形から異なる断面形を見立ててみる

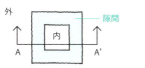

平面の構成

周囲をバッファ*的な隙間に取り囲まれた、左図のような平面形があるとする。同じ平面形からでも、内側の箱と、外側の箱との関係、すなわち隙間の回り込み具合は、断面で考えると一様ではない。

平面形をそのまま立ち上げた、平屋のカタチと空間の場合

上部に回り込む隙間をつくり、ロフト的な空間を設けた場合

スノコ状の床によって、隙間で上下階をつなげた場合

断面の構成

＊バッファ:本来は、衝撃などをやわらげるために設けた緩衝するもの。空間づくりの面では、たとえば内と外のように、隣接する空間同士のあいだに挟み込んだ中間的な領域のこと。土間などは有効なバッファ要素である。[→sec.28]

CHAPTER 01・空間とカタチ

3 入れ子の隙間を、内にも外にも見立ててみる

入れ子の隙間の空間は、内としても、外としても解釈できる。たとえば、大小の箱に設けた建具を開閉することによって、内外の境界ラインは自在に調節できる。

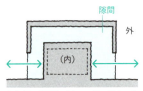

入れ子の隙間を、外の一部に見立てる

⇕

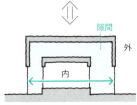

入れ子の隙間を、内の一部に見立てる

断面の構成

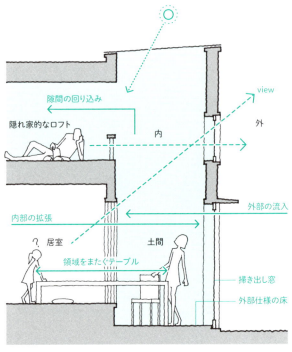

入れ子の隙間を、内外を結びつける土間に見立てる

4 立体的な入れ子を考えてみる

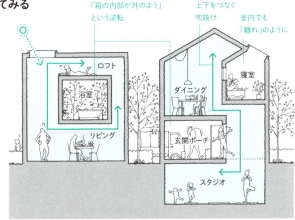

平面での入れ子の隙間は、主に外部とのバッファゾーンとしての役割を担うことが多い。一方、断面で入れ子状にすると、箱同士の隙間は吹抜けとなるから、上下の空間を立体的につなぐ効果が得られる。

立体的な入れ子状の箱と、それらの隙間を回り込む吹抜け

[**ワンポイント**] 入れ子で空間をつくる方法は、新築だけでなく、リノベーションでも比較的多く用いられている。既存の外郭をそのままに、内側に新たな空間を設けたり、既存家屋を包み込む方法がみられる。

SECTION 08・入れ子のカタチ

CASE STUDY 08 | 事例から学ぶカタチと空間

森と各室とをゆるやかにつなぐ入れ子の隙間

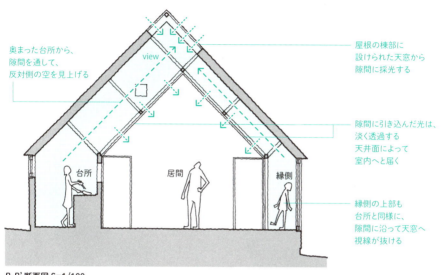

B-B'断面図 S=1/100

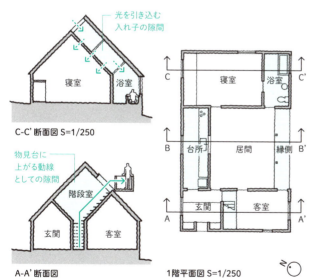

森のなかの住宅
設計：長谷川豪建築設計事務所

切妻型のシンプルなボリュームの中に、大小さまざまな切妻形の室が内包されている。屋根と各室天井面との間には隙間があり、天窓からの光を落としたり、ある室から反対側の空を見上げる奥行きの深い窓であったり、また、物見台へと上がる階段室となっている。

所在	長野県
主要用途	専用住宅
構造	木造
規模	地上1階
敷地面積	1049.99㎡
建築面積	85.59㎡
延床面積	89.75㎡
竣工	2006年

SECTION 09　隙間でつくるカタチ

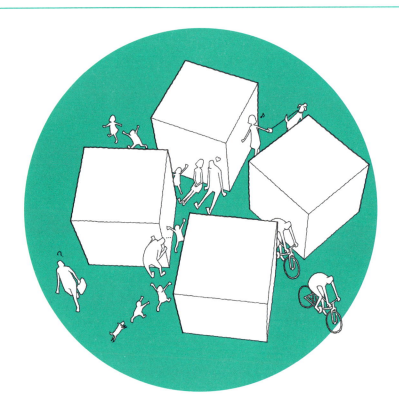

　都市の構造を分析するとき、地図上の建物以外を黒く塗りつぶし、空地（くうち）の輪郭を浮かび上がらせる方法がある。
　たとえば、日本の都市部の住宅地で行うとする。塗りつぶされた部分は、毛細血管のように、網の目状に細部に染み渡り、太い場所や細い場所、広場のようにまとまった場所など、一様でないことが浮かび上がる。一方、白抜きにされた建物は、小島の群れのように、点在する姿があらわになる。
　ここでは、ひとつの住宅をボリュームと隙間とに二分して考えてみる。隙間とは、外がそのまま通り抜ける、街の中のちょっとした物陰のような居場所をイメージしてほしい。路地を共有する住人同士が、互いに配慮しつつも、自由に、軽やかに、街の中に生活の場を定着させるような、そんな暮らしを想像してみよう。

［ワンポイント］スタイロフォームから切り出した、さまざまなサイズとカタチのボリュームを用意して、いくつかの配置案をつくって、相互に比較してみよう。このとき注目すべきは、隙間がつくり出す輪郭だ。

SECTION 09・隙間でつくるカタチ

1 隙間を「外」のイメージで想像してみる

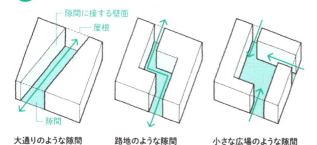

隙間は、最終的には屋根が架けられ、内部になるかもしれないけれど、はじめのうちは、街路や広場のような「外」のイメージで想像してみよう。また、隙間に接する壁面を考えるときは、街路と良好な関係を結んでいる店舗の店先などを観察してみるといい。

2 隙間のカタチを裏返してみる

隙間は、常に内と内との狭間に生じるとは限らない。外側にまとうように設ければ、隙間は、内と外とをゆるやかにつなぐバッファの空間になる。

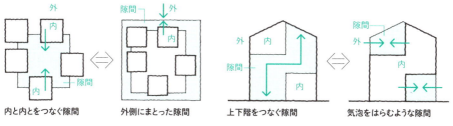

3 隙間に家具などを配置してみる

隙間の空間に配置するものは、家具のような、建築に固定されないものがよい。隙間空間は、できるだけルーズに、流動的に、縛られない雰囲気重視で想像してみよう。

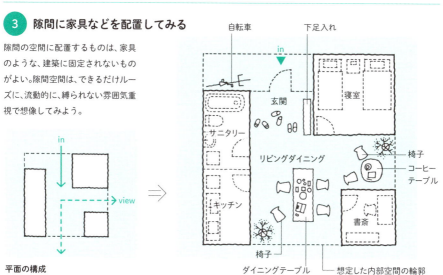

CHAPTER 01・空間とカタチ

❸ 隙間に「外の要素」を取り込んでみる

ボリュームに挟まれ、内包された隙間は、閉ざされた場所になりがちだ。けれど、なんらかの「外」を感じさせる要素を取り込んで、内部に居ても外を感じられる居場所にしてみよう。

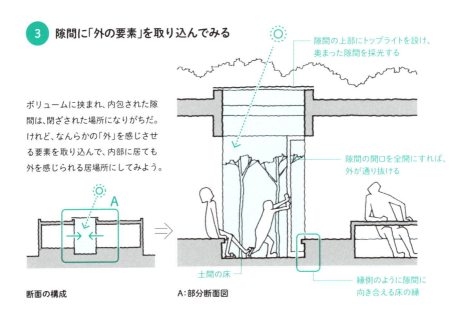

❹ 隙間を「外」に開放してみる

ボリュームを中心付近に向けてギュッと絞ると、内部がはみ出すような居場所ができる。そんな、「外」に投げ出されたような居場所は、建具をフルオープンにしたり、床をテラスへ連続させたりなど、開放的に設えよう。

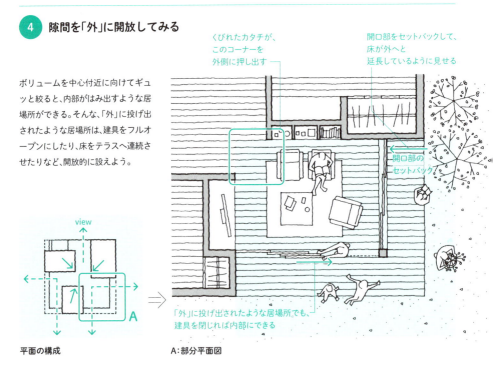

[**ワンポイント**] 隙間とボリュームで構成された住宅の事例を集め、隙間部分にどんな役割の空間を配置しているか観察してみよう。また、隙間とボリュームが接する部分のつなぎ方・仕切り方に注目してみよう。

SECTION 09・隙間でつくるカタチ

CASE STUDY 09 | 事例から学ぶカタチと空間

街が入り込む隙間で、路地や空き地を共有するように暮らす

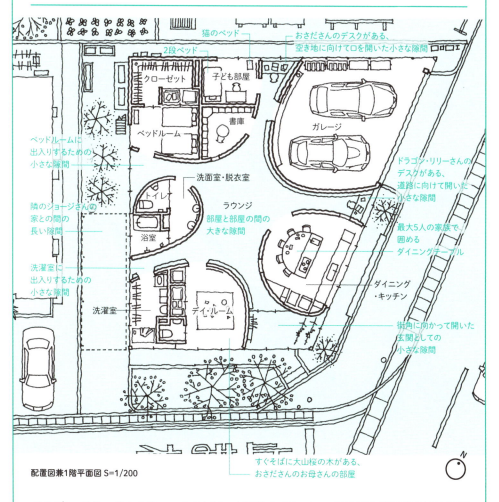

配置図兼1階平面図 S=1/200

ドラゴン・リリーさんの家
設計：山本理顕設計工場

この住宅は、機能を定めて曲面の壁で包んだ5つのボリュームと、それらの隙間とによって構成されている。ボリューム同士の隙間は、周辺に対して大きく口を開けたり、途中でくびれたり、その奥のラウンジはぽっかりと広がっている。それらはまるで、住宅の中に浸透した、路地や小さな空き地を共有するように、街とつながる暮らしの場がつくり出されている。

所在	群馬県
主要用途	住宅
構造	鉄骨造
規模	地上1階
敷地面積	330.67㎡
建築面積	197.99㎡
延床面積	197.99㎡
竣工	2008年

SECTION 10 | 束ねてつくるカタチ

　スーパーの食品売り場に行くと、束ねて陳列販売されているものを、数多く目にする。たとえば、アスパラガスは、工業製品と違い、1本1本のバラツキがあるから、みな真剣なまなざしで吟味している。パック入りの納豆は、3つくらいが縦に束ねられ、3階建て住宅のようだし、それらの売り場は、高密な集合住宅のように見えてくる。ホウレンソウはどこまでが1本なのか、境目がはっきりせず、むしろ束全体としてのボリューム感が強調されている。6本入り缶ビールのパックは、横に寝かせると、2階建てのテラスハウス、立てれば6軒で構成されたワンルームアパートのようだ。

　こんな風に、身近な束ねたカタチを観察してみよう。そこからずれたり、間引かれたり、カタチが崩れた状態を想像して、空間づくりの出発点にするといい。

 [**ワンポイント**]「サラバイ邸」(設計:ル・コルビュジエ、1956) の1階平面図を観察してみよう。束ねたカタチのなかに、大きな空間を必要とする居場所では、隣り合う空間同士が一体化されている点に注目するといい。

SECTION 10・束ねてつくるカタチ

1 独立した空間の集合＝束（たば）として考えてみる

束ねたカタチで空間をつくる場合、個々のボリュームは、それぞれをトンネル状に貫通させてみよう。屋根（もしくは天井）のカタチをヴォールト*や切妻（船底天井）にすれば、個々の独立感はより高まる。

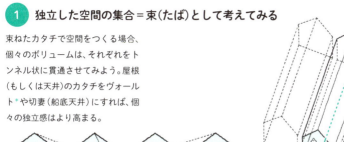

それぞれのボリュームが独立した空間

それぞれが貫通する空間をもつ

2 ときにはルーズに束ねてみる

きちんと整列させた「束」を基本のカタチに据えて、わずかに配置を崩してみよう。ちょっとしたカタチのズレに、どんな空間が見立てられるか想像してみるといい。

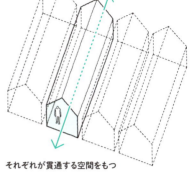

整列の乱れを空間に見立てる

3 機能を束ねて、家具などを配置してみる

束ねたカタチは、明快にゾーン分けされた空間をつくりやすい。それぞれのトンネル状の領域に、住宅の機能を割り付けてみよう。

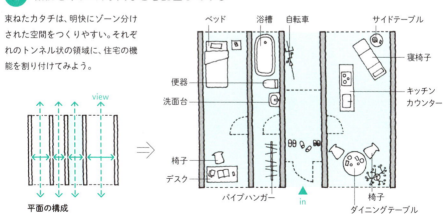

平面の構成

＊**ヴォールト**：かまぼこ型の屋根または天井のこと。屋根や天井の形状には、それぞれいくつかの種類があるので、この機会に確認しておこう。[→sec.06]

4 束ねるボリュームを変化させてみる

ボリュームの断面形状を変化させて、それぞれの空間に、どんな住宅の機能を想定できるか考えてみよう。

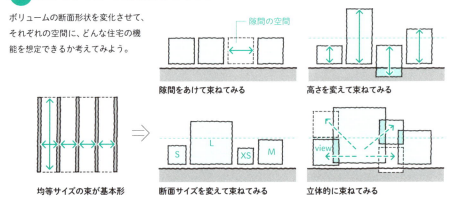

5 具体的な室を想定して束ねてみる

具体的な室を想定すれば、それぞれのボリュームの幅や天井高、隣り合うボリューム同士のつなぎ方などを想像しやすくなる。

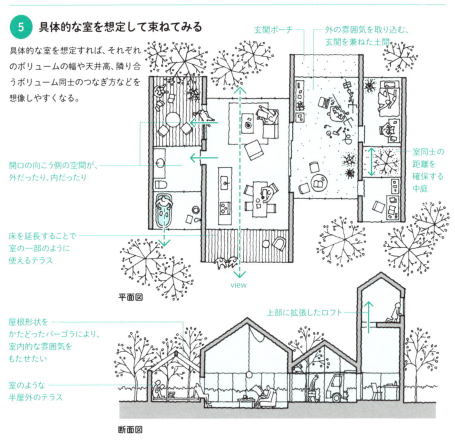

[**ワンポイント**]「アルンハイム・パビリオン」(設計：アルド・ファン・アイク、1966)の1階平面図を観察してみよう。束ねたカタチを基本形としながら、所々、円弧に折り曲げた壁の、表裏に生じる空間に注目するといい。

SECTION 10・束ねてつくるカタチ

CASE STUDY 10 | 事例から学ぶカタチと空間

トンネル状の空間から、それぞれに海と向き合う

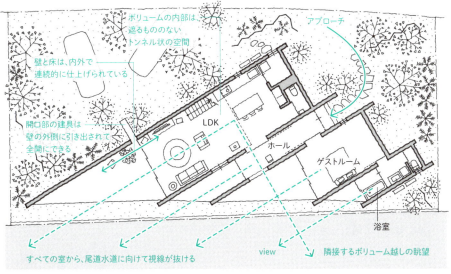

配置図兼1階平面図 S=1/250

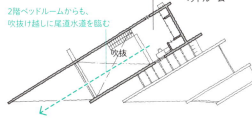

2階平面図 S=1/400

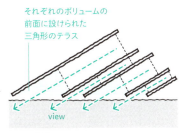

平面の構成

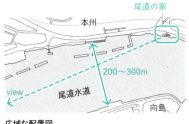

広域な配置図

尾道の家
設計：谷尻誠＋吉田愛／
SUPPOSE DESIGN OFFICE ＋ なわけんジム

トンネル状の空間を4本束ね、目の前の尾道水道がどこまでも続くように見える角度に向けて配置されている。この角度によって生じる三角形の隙間は、それぞれのボリュームで、海と室内とをつなぐ半屋外のバッファとなっている。

所在	広島県
主要用途	週末住宅
家族構成	夫婦
構造	木造＋一部鉄骨造
規模	地上2階
敷地面積	407.77 ㎡
建築面積	109.66 ㎡
延床面積	122.83 ㎡
竣工	2014年

CHAPTER 01・空間とカタチ

EXERCISE・01

[同じ平面のまま、カタチを置き換えてみる]

設計のスタディを進めていると、ときおり行き詰まり、堂々巡りに突入してしまうことが誰にでもある。
そんなときは、同じ平面のままで、気分転換するように、異なるカタチに置き換えてみよう。平面の輪郭が似ていても、カタチが違えば、内部のつながり方や、外部との結びつき方も変化する。

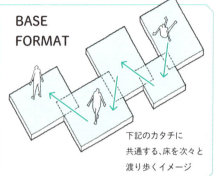

BASE FORMAT

下記のカタチに共通する、床を次々と渡り歩くイメージ

足し算でつくるカタチ
sec.02

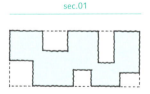

ボリューム同士が接する部分に、くびれたカタチの節目が生じ、個々のボリュームが独立性の高い空間となっている。

引き算でつくるカタチ
sec.01

引き算すると、室内側に外が引き寄せられ、それが間仕切りの役割として、室内空間がゆるやかに分節されている。

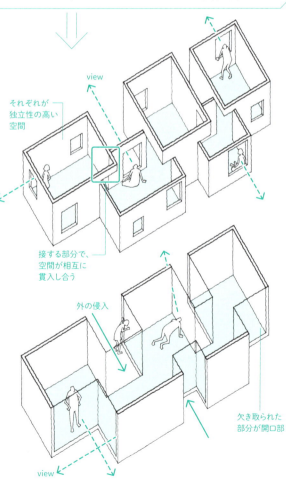

EXERCISE 01・同じ平面のまま、カタチを置き換えてみる

壁でつくるカタチ
sec.04

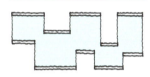

バラバラに壁を配置すると、個々の空間では、壁に沿った強い方向性が生じつつ、全体として内外が混じり合っている。

壁を折り曲げたカタチ
sec.07

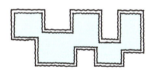

折り曲げた壁を連続させることによって、小さなひだ状の室内空間の集まりとして全体が形成されている。

隙間でつくるカタチ
sec.09

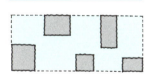

分散したボリュームの隙間に、外へ向かって大きく開けたり、外が通り抜けるような空間が生じている。

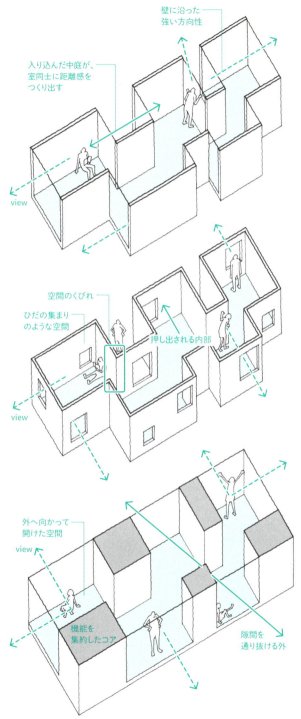

CHAPTER 2

立地環境とカタチ

「建築は、それが建てられる土地に根ざしたもの」「その場に、ただひとつの固有のもの」という意見はよく聞くし、もちろん正しいと思う。けれど、敷地の特性をあぶり出すには、ある程度、敷地を単純化、抽象化して、ケースに応じた住宅の「建ち方」を、あれこれ構想してみることが有効だ。ここでは、いくつかの条件の異なる立地環境に、いろいろなカタチを当てはめて、敷地とカタチのマッチングが生み出す空間について探っていこう。

SECTION 11 | 矩形の敷地に建つカタチ

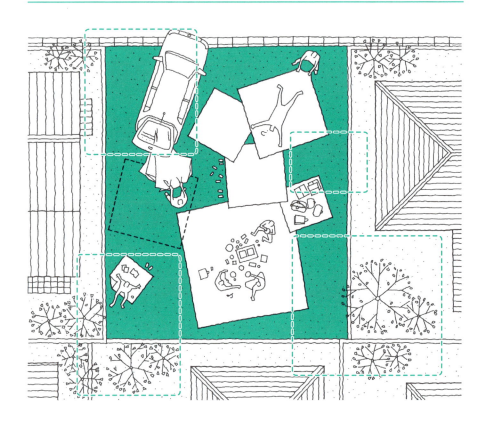

　建築のボリュームを敷地に配置するとき、その周囲には空地が生じる。その空地の割合は、なりゆきで決まるのではなく、それぞれの敷地に定められた、建ぺい率＊がひとつの目安になる。たとえば、第1種低層住居専用地域だと、敷地面積に対して、建物として建てられる割合は40％くらい。これは、逆に言うと60％は空地として残るということだ。

　つまり「建物のボリュームを配置する」ということは、同時に「空地を配置する」ということでもある。どの場所に、どんな輪郭の、どのような室と関連づけられた外部空間を配置するのか。隣接する道路や隣地の状況も考慮しながら、ボリュームの配置を考えていこう。

 [**ワンポイント**] 矩形の敷地に建つ住宅事例を集めて、配置されたボリュームのカタチを観察してみよう。このとき、方位や敷地周囲の状況（道路または隣地）にも注目してみるといい。

SECTION 11・矩形の敷地に建つカタチ

1 方位にとらわれず、外部とのかかわり方を変化させてみる

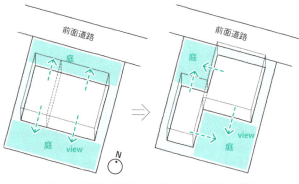

東西に長いボリュームを配置した場合、南面する幅を広く確保できるが、庭との関係が均一な印象になる

ボリュームを切り分け、ずらしてみると、2つの庭がそれぞれゆるやかに囲まれる関係が生じる

日本では、南側に配置した庭と、南向きの大きな開口を求める意識が強い。でも、敷地の東西長さ(つまり南面する幅)は限られているから、すべての諸室を南面させることは難しいし、水まわりなどは、北側の隅っこに追いやられがちだ。ひとまず、南面することにはとらわれないで、いろんな方位への開き方や、庭の配置を想定してみよう。

2 さまざまなカタチを当てはめてみる

矩形の敷地は、もっともプレーンな形状だから、あらゆるカタチを試すのに適している。chapter 1 で紹介した、さまざまなカタチを当てはめ、相互に比較してみよう。観察するときのコツは、ボリュームを置くことで生じる余白だ。この余白を庭に見立て、室内のどの部分とかかわりをもてるか想像するといい。内外を問わず、庭も含めた敷地全体が建築だ。

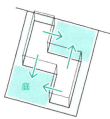

細長いカタチを折り畳み、敷地をいくつかのゾーンに切り分ける

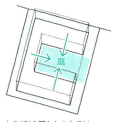

大きく引き算したカタチは、ひとつの庭を囲む形式をつくり出す

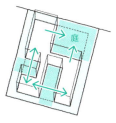

細かく引き算したカタチは、あちらこちらに引き込んだ庭を発生させる

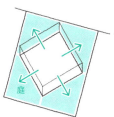

回転させたカタチは、周囲を切り分け、各々の向きをつくり出す

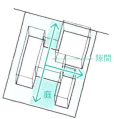

分散させたボリュームのカタチは、隙間と庭が連続した場をつくる

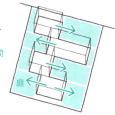

足し算してずらしたカタチは、外形の凹凸に応じて細切れの庭を周囲にまとう

＊**建ぺい率**：敷地面積に対する、建物が建つ部分の面積(＝建築面積)の割合。都市計画で用途地域に応じた建ぺい率の上限が定められている。ちなみに、敷地面積に対する、内部床面積(＝延床面積)の割合は「容積率」と呼ぶ。

CHAPTER 02・立地環境とカタチ

③ 似たカタチでも、違う建ち方を考えてみる

最初に発想した建ち方を起点に、連想ゲームのように、多くのパタンをひねり出そう。たとえば、ボリュームのサイズや配置を調整したり、内外を切り替えてみると、空間は大きく変化する。

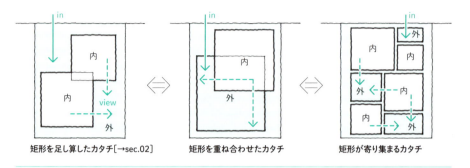

矩形を足し算したカタチ [→sec.02]　　矩形を重ね合わせたカタチ　　矩形が寄り集まるカタチ

④ 周囲の建ち方をきっかけにカタチを決めてみる

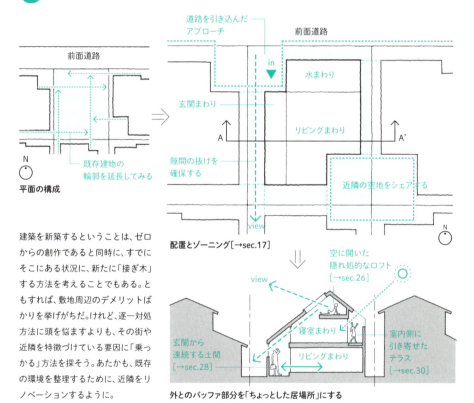

平面の構成

配置とゾーニング [→sec.17]

外とのバッファ部分を「ちょっとした居場所」にする

建築を新築するということは、ゼロからの創作であると同時に、すでにそこにある状況に、新たに「接ぎ木」する方法を考えることでもある。ともすれば、敷地周辺のデメリットばかりを挙げがちだ。けれど、逐一対処方法に頭を悩ますよりも、その街や近隣を特徴づけている要因に「乗っかる」方法を探そう。あたかも、既存の環境を整理するために、近隣をリノベーションするように。

[ワンポイント] 住宅まわりの屋外空間＝外構の主な役割には、アプローチ、駐車場、家族の庭、個人の庭、浴室の庭、洗濯物干し場、隣地とのバッファなどがある。集めた事例について、外構の位置づけを観察してみよう。

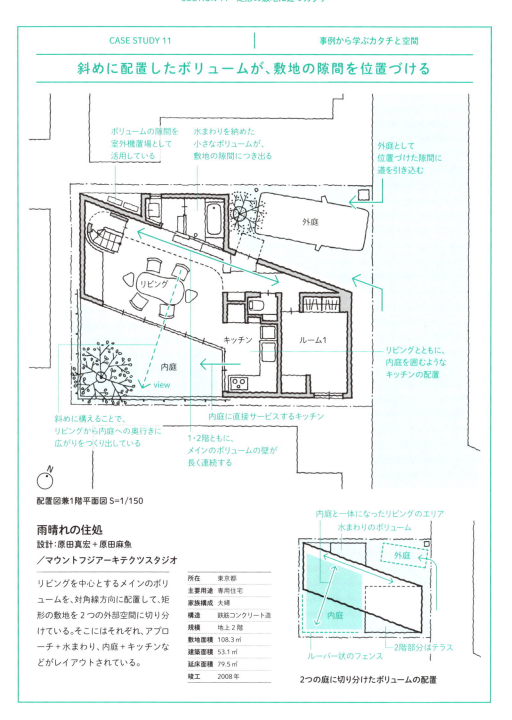

SECTION 12 | 細長い敷地に建つカタチ

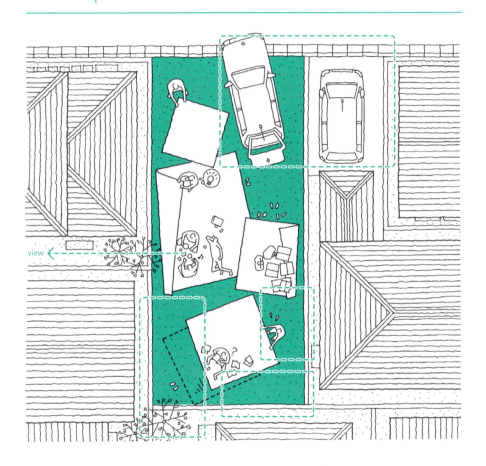

　南北に細長い、うなぎの寝床のような形状の敷地に計画する場合、「南側にまとまった庭を確保する」という一般的なセオリーでは、たいてい上手くいかない。内部においても、「玄関ホールや廊下があって、そこから各室へアクセスする」と考えると、やはりできることは限られてくる。

　だから、まずは細長い敷地なりの建ち方について、新旧の事例を織り交ぜ、あれこれと観察してみることをおすすめする。
　串刺しにされた室から室へと渡り歩くような体験であったり、室と庭との一体感が強調されたりなど、制限されているからこその発見がきっとあるはず。

 [ワンポイント] 細長い敷地に建つ、さまざまな敷地面積の住宅事例を集めて、配置図兼1階平面図の外構部分を塗りつぶしてみよう。敷地面積と、外構の残り具合について比較してみるといい。

SECTION 12・細長い敷地に建つカタチ

1　日本の伝統的な都市型住居から学んでみる

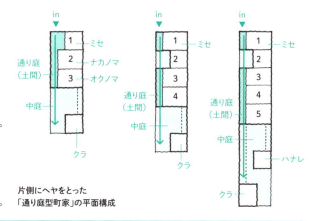

日本の伝統的な「町家」は、道に面した店舗を備え、その奥に住空間を設けた都市型住居形式のひとつである。奥行きの深い敷地に建つため、中庭を挟み込んだり、通り庭*（土間）を貫通させたりなど、現代の細長い敷地でのプランニングにおいても、外を取り入れる手法の点で参考になる。

片側にヘヤをとった
「通り庭型町家」の平面構成

2　南面にこだわらず、庭の残り方に注目してみる

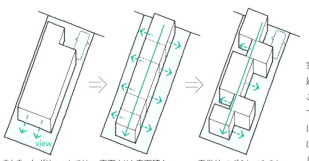

まとまったボリュームでは南面幅を確保しにくい　　南面よりも表面積を確保する意識に転換する　　室単位でずらしてみると、それぞれの庭が生じる

室を南面させることや、まとまった建物のボリュームを確保することにこだわらなければ、細長い敷地形状でも、配置の自由度はかなり上がるはず。建物のボリュームを細長く伸ばしたり、切り分けたり、ずらしたりしながら、庭の残り方を観察してみよう。

3　プランニングは外部空間も合わせて考えてみる

まとまった庭があると、家族みんなでシェアするようなプランがつくれそうだ。一方で、庭が細分化されるほど、それぞれの室と、小さな庭とが、個別の関係として結びついていく。いずれにせよ、内外を問わず、敷地全体を建築の空間としてとらえていこう。

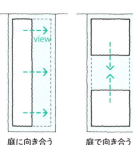 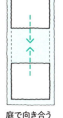 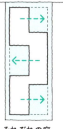 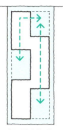

庭に向き合う　　庭で向き合う　　それぞれの庭　　庭に挟まれる

＊通り庭：表通りの店部分から奥の住宅部分までを連続させた土間。店に面する部分は「店庭」、住宅部分に面するのは「走り庭」と呼ばれる。通り庭の上部には吹抜けが設けられ、密集した環境で採光と通風を確保していた。[→sec.18,28]

④ 細長い敷地を、断面から考えてみる

細長い敷地に、いろいろなカタチをあてはめて、短辺方向の断面構成から考えてみよう。そこに現れる断面形状は、ちくわのように一様に連続するばかりでなく、切断位置によって、切り口のカタチが変化に富む空間を想像してみるのもいい。

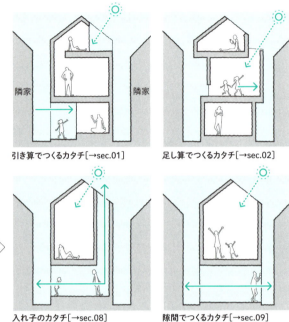

引き算でつくるカタチ[→sec.01]　足し算でつくるカタチ[→sec.02]

平面の構成

入れ子のカタチ[→sec.08]　隙間でつくるカタチ[→sec.09]

⑤ 建物も庭も、細長さを活かしてみる

幅が多少狭くても、せっかくの敷地の長さを活かしたい。敷地の長手方向に沿って、建物と庭を平行に配置してみよう。細長いカタチ[→sec.03]の全面を、連続する縁側の窓辺にしてはどうだろう。

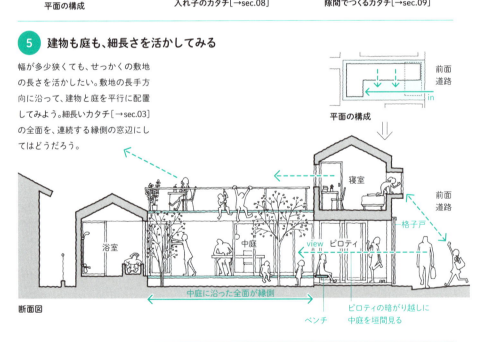

平面の構成

断面図

[ワンポイント] 細長い敷地に建つ住宅事例を集め、外構の各部について、どんな役割をもつか、どの室と関係づけられているかなどに注目してみよう。

SECTION 12・細長い敷地に建つカタチ

| CASE STUDY 12 | 事例から学ぶカタチと空間 |

中庭がつくる、点在する居場所とそれぞれの距離感

4・1（フォー・ワン）
設計：手塚義明＋小池ひろの
／K.T. Architecture

敷地の形状に沿ったボリュームに4カ所の中庭が差し込まれた住宅。その結果、各室は互い違いの配置となり、中庭を囲んだり、中庭を挟んだ適度な距離感がつくり出されている。また、次々と現れる中庭に導かれながら、奥の寝室へと至る動線が形成されている。

所在	東京都
主要用途	専用住宅
構造	木造＋一部鉄骨造
規模	地上1階
敷地面積	222.43㎡
建築面積	134.14㎡
延床面積	115.19㎡
竣工	2000年

前面道路と住空間との間に挟んだ、アプローチのための前庭

引き算の結果として生じる、対角線上のつながり。各コーナー分けと、互いにゆるやかに連続する空間

住居内で、公私の距離感を確保している

プライベートな庭との一体化

配置図兼1階平面図 S=1/200

庭1〜庭4の配置

SECTION 13 | 不整形な敷地に建つカタチ

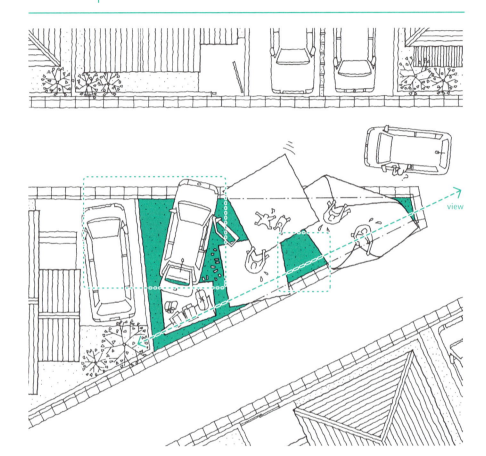

　都市部では、半端に残ったような、不整形なカタチの土地をよく目にする。その不可思議な土地の来歴を想像するのも興味深いけれど、ここでは、敷地の形状とプランニングに絞って話を進めてみる。

　住宅の室や設備、家具などは、矩形のカタチが基本である。だから、不整形な敷地にそれらを配置すると、どうしても半端なカタチの余白が生じてしまう。余白は、内にとるか、外にとるか、どんな位置に残すか、なんのために残せばよいのか。

　それらの余白を、制約というよりも、不整形な敷地特有の現象として、発想のきっかけとして、住宅を考えていこう。

[**ワンポイント**] 住宅雑誌では、時折「小さな家」の特集がある。そこに掲載された住宅事例の配置図を、同じ縮尺で用意し、敷地形状と建物の配置、外構の残し方などについて比較してみよう。

SECTION 13・不整形な敷地に建つカタチ

1 敷地に生じる余白について考えてみる

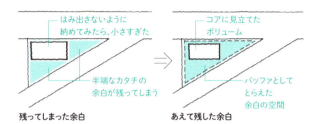

不整形な敷地に矩形のボリュームを配置すると、半端な余白が残ってしまう。けれど、ネガティブにとらえることなく、たとえば内外のバッファのようなものとして考えてみよう。

2 不整形な敷地の建ち方を考えてみる

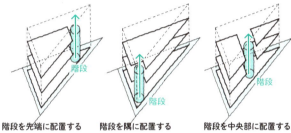

三角形の敷地の場合
とくに狭小な敷地の場合、とりわけ階段の配置がプランの方向性を左右する。余白に階段を置いてみて、床のカタチに注目してみよう。

旗竿型敷地の場合
細長い「竿部分」に余白が生じる。アプローチの空地としてあきらめがちだけれど、外部として活かすか、内部として拡張するか考えてみよう。

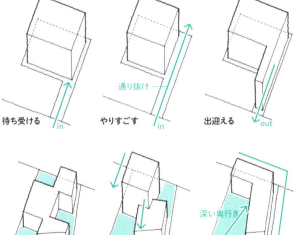

不整形な敷地の場合
建物のボリュームを、それぞれの敷地境界線に沿わせ、余白の残り方を比較してみよう。このとき、庭と内部との結びつきに注目するといい。

071

CHAPTER 02・立地環境とカタチ

③ 敷地の余白に役割を想像してみる

いろいろなカタチのボリュームを配置したら、周囲に残るそれぞれの余白を、どんな役割の空間に見立てられるか想像してみよう。

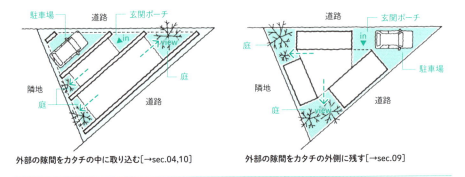

外部の隙間をカタチの中に取り込む[→sec.04,10]　　外部の隙間をカタチの外側に残す[→sec.09]

④ 平面と断面を同時進行で検討してみる

不整形な敷地に限らず、空間づくりは、平面と断面の間を何度も行ったり来たりしながら検討していこう。とくに狭小な敷地の場合、断面から考えはじめる方法が有効だ。周辺の既存建物との関係も、同時に調整しよう。

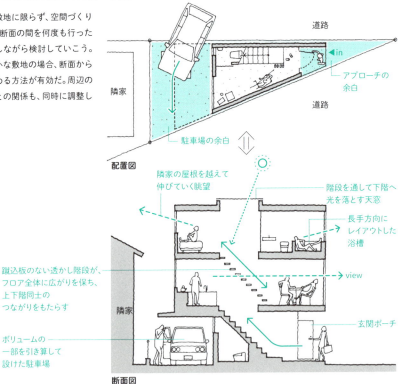

P [ワンポイント] 不整形な敷地に建つ事例のなかでも、狭小(たとえば、延床面積90㎡未満)なものを対象に、階段およびキッチン、水まわりが占める位置について、平面図・断面図をセットで比較してみよう。

SECTION 13・不整形な敷地に建つカタチ

CASE STUDY 13 | 事例から学ぶカタチと空間

敷地形状に沿った外形と半入れ子で、内外の隙間を使い切る

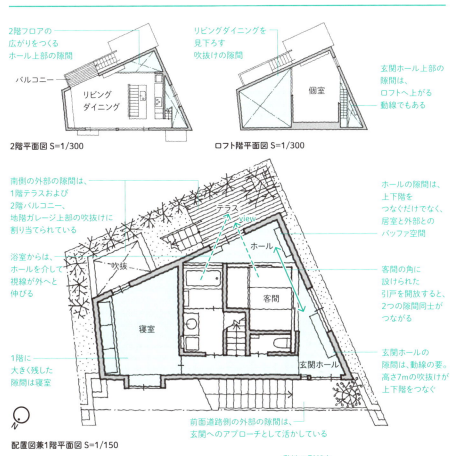

山王の住宅
設計：納谷学＋納谷新
／納谷建築設計事務所

敷地形状に沿った外形と、その中へ挿入した直方体との立体的な隙間が、内外のバッファや、内部同士のつなぎ目となり、それ自体が居場所としても位置づけられている。

所在	東京都
主要用途	専用住宅
家族構成	夫婦
構造	木造在来工法
規模	地上2階・地下1階
敷地面積	87.64㎡
建築面積	43.33㎡
延床面積	91.32㎡
竣工	2012年

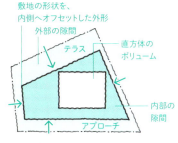

平面の構成

CHAPTER 02・立地環境とカタチ

SECTION 14 | # 隙間に建つカタチ

隙間を移動する

隙間で食事する

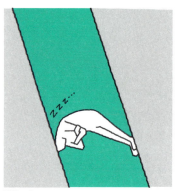
隙間で寝る

隙間でくつろぐ

　何年か前に、MVRDVの作品集を見ていたときのこと。それは「ボルネオ・ハウス(第18区画)」という、間口4.2m、奥行き16mの敷地に建つ住宅である。日本の長屋やテラスハウスのように、両隣の住戸と接していて、間口は極めて狭い。敷地の前後は、それぞれ道路と運河に挟まれている。その隙間のような立地の空間には、2つのボリュームが、前後から互い違いに刺さり、ボリュームの間は、S字を描くように吹き抜けている。そんな構成を読み取ろうと、平面図と断面図を交互に見比べていたところ、ふと気づいた。

　「断面図が、平屋の平面図に見えるっ！」

[ワンポイント]「ボルネオ・ハウス 第18区画」(設計：MVRDV、1999)のラフな断面模型をつくり、横に寝かせて、本当に平屋住宅に見えるかどうか、自分の目で確認してみよう。

SECTION 14・隙間に建つカタチ

1 発想の転換、平面を断面に見立ててみる

「間口が狭く、奥行きばかり深い、しかも、上に積み重ねるしかない」そんなときは、平面から考えはじめるのではなく、断面から考える発想に転換してみるといい。そのとき、平屋の住宅事例を集めて、平面を断面に見立てると、思わぬ発見に巡り合えるはずだ。

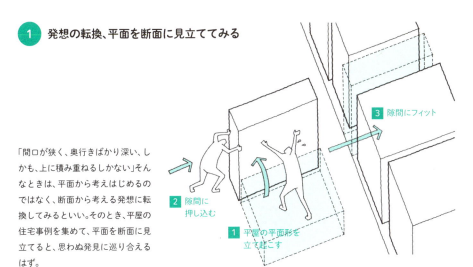

2 断面でもカタチを活用してみる

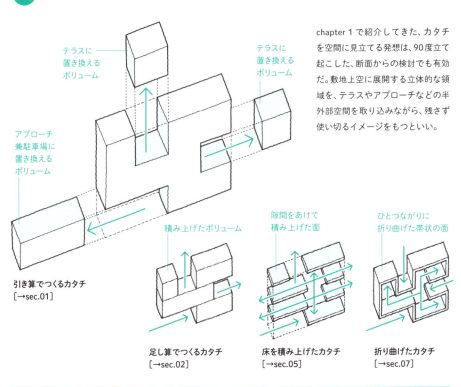

chapter 1 で紹介してきた、カタチを空間に見立てる発想は、90度立て起こした、断面からの検討でも有効だ。敷地上空に展開する立体的な領域を、テラスやアプローチなどの半外部空間を取り込みながら、残さず使い切るイメージをもつといい。

3 半外部の空間を取り込んでみる

半外部の空間には、「内のような外」と「外のような内」がある。いずれにしても、実際の床面積以上に、内部空間に広がりをもたらしてくれる。

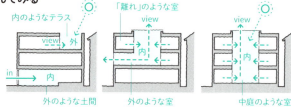

外を引き込む　　外が通り抜けるように　　外を内包するように

4 行き止まらない空間を考えてみる

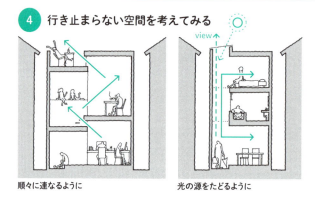

順々に連なるように　　光の源をたどるように

住宅全体の床面積が限られて、狭小にまとめなければいけないとき、ひとつひとつの室を完結させすぎない方がよい。室から室へと立体的につなぎ、行き止まりをつくらないことが、小さな空間内に広がりを生む。

5 隙間に生活を積み上げてみる

周囲が非常に建て込んだ状況では、隣家との隙間や外壁も、内部空間の一部として扱う方法も想定してみよう。

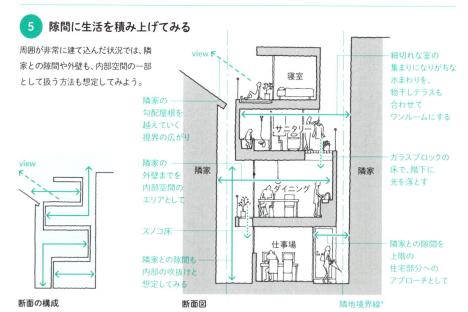

断面の構成　　断面図　　隣地境界線*

[**ワンポイント**] 間口も奥行きも狭い敷地の場合、断面形は「細長い敷地に建つ平屋住宅の平面図を立て起こした状態」と極めて似通っていく。事例を集めて「立て起こした姿」を想像してみよう。

SECTION 14・隙間に建つカタチ

CASE STUDY 14 | 事例から学ぶカタチと空間

町家の平面構成を垂直にレイアウトする

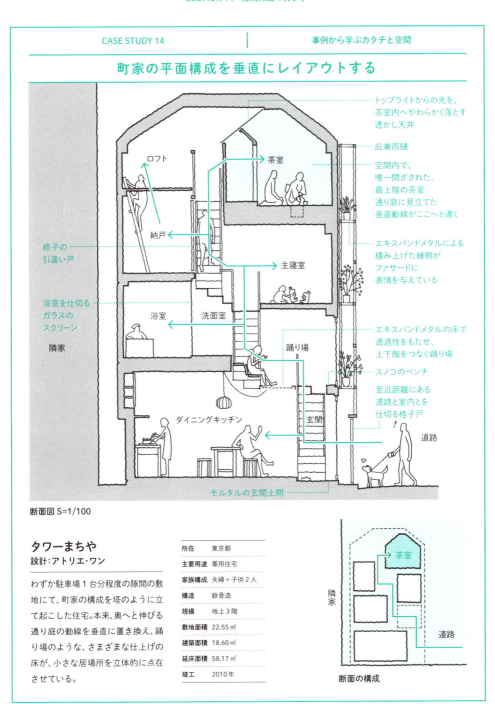

断面図 S=1/100

タワーまちや
設計：アトリエ・ワン

わずか駐車場1台分程度の隙間の敷地にて、町家の構成を塔のように立て起こした住宅。本来、奥へと伸びる通り庭の動線を垂直に置き換え、踊り場のような、さまざまな仕上げの床が、小さな居場所を立体的に点在させている。

所在	東京都
主要用途	専用住宅
家族構成	夫婦＋子供2人
構造	鉄骨造
規模	地上3階
敷地面積	22.55㎡
建築面積	18.60㎡
延床面積	58.17㎡
竣工	2010年

断面の構成

＊隣地境界線：敷地の外形を規定する「敷地境界線」には、道路に面するものと、隣りの宅地に面するものがある。前者は「道路境界線」、後者が「隣地境界線」と呼ばれる。

CHAPTER 02・立地環境とカタチ

SECTION 15 | 斜面に建つカタチ

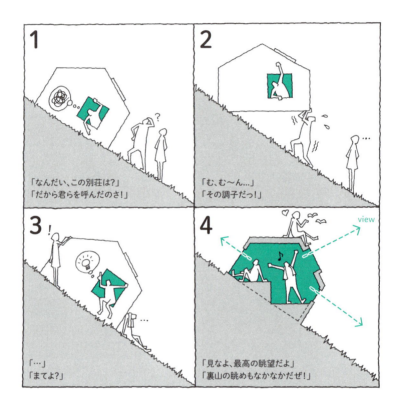

斜面での建ち方を考えるとき、まずは、山道や坂道、階段など、似ているものの様子を観察してみよう。

たとえば、斜面での「動き」に注目すると、神社の階段は最短距離を直線的に昇るものが多いが、ゆるやかなカーブを描いて登る「女坂」と呼ばれる道筋もある。登山において、等高線に沿い、上下することなく水平に横切ることを「トラバース」という。

また、斜面での「居場所」に着目すると、階段の踊り場のような水平な地面は、山道の所々にも存在する。たいていは木陰と、眼下を見下ろす眺望がセットになっていて、絶好の休憩スポットだ。

そんな風に、斜面にみられる傾向を、斜面に建つ住宅の計画に反映してみよう。

 [**ワンポイント**] 斜面に建つ住宅事例の断面図を集めて、斜面への接地方法の点で分類してみよう。このとき、選り分けたグループに、特徴を表すニックネームをつけると、互いの違いを明確に意識しやすい。

SECTION 15・斜面に建つカタチ

1 斜面への接地の仕方を考えてみる

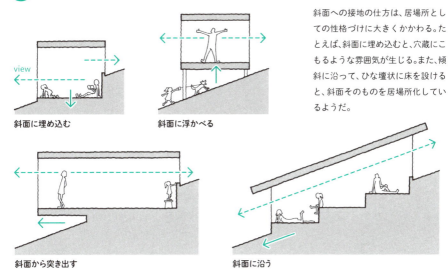

斜面への接地の仕方は、居場所としての性格づけに大きくかかわる。たとえば、斜面に埋め込むと、穴蔵にこもるような雰囲気が生じる。また、傾斜に沿って、ひな壇状に床を設けると、斜面そのものを居場所化しているようだ。

2 等高線を意識した配置を考えてみる

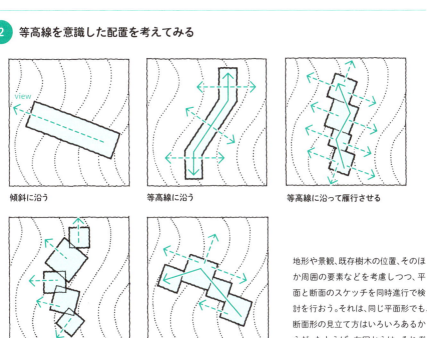

地形や景観、既存樹木の位置、そのほか周囲の要素などを考慮しつつ、平面と断面のスケッチを同時進行で検討を行おう。それは、同じ平面形でも、断面形の見立て方はいろいろあるからだ。たとえば、左図からは、それぞれどんな断面形を想像できる？

③ 斜面とのレベル差から考えてみる

床を斜面から浮かすと、周囲の環境から切り離された居場所ができる。一方、床を地面の傾斜に沿わせると、斜面との一体感が強調される。また、水平な床と斜面とのレベル差は、居場所の開放感を調整することができる。

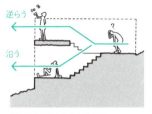

斜面に沿う?それとも逆らう?

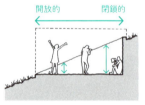

斜面とのレベル差と開放感の変化

④ 居場所の覆い方から考えてみる

屋根のかけ方によって、空間をつないだり、分けたりできることはchapter 1で述べた通り。[→sec.06] 斜面に設けた床と組み合わせれば、さらに多様な空間が考えられる。

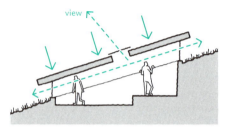

ふたをかぶせるように覆う

斜面に沿ったひな壇状の床を、斜面に合わせた勾配の一枚屋根で覆ってみよう。天井面の連続が、異なる床レベルをひとつながりの空間にまとめる。

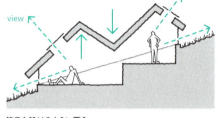

節目を設けるように覆う

床のレベル差に合わせて、屋根のカタチにも節目を設けてみよう。それぞれの空間に独立感が強調される。このとき、それぞれの居場所からの眺望もセットで考えてみるといい。

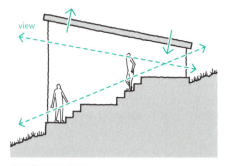

末広がりの屋根で覆う

傾斜に沿った床に対して、末広がりの屋根を架けると、実面積以上に開放的な内部空間になる。同時に、天井高の違いによる居心地の差も生じる。

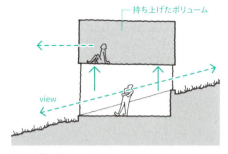

持ち上げたボリュームで覆う

ボリュームを持ち上げると、その中には独立感の強調された場ができる。これとは対照的に、ボリュームの下には、斜面がそのまま通過するような、開放的な場が生じる。

[**ワンポイント**] 斜面での建ち方には、平面を主体に対応したものと、断面を主体に対応したものに大別できる。あなたが気になる斜面に建つ住宅は、どちらに属するだろうか?

CASE STUDY 15 | 事例から学ぶカタチと空間

斜面との関係がつくり出す、3つのリビング

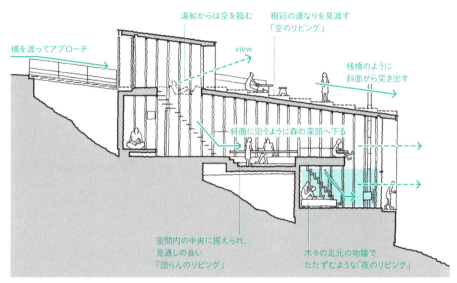

断面図 S=1/200

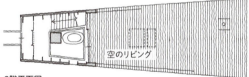

2階平面図

中1階平面図

1階平面図 S=1/250

山の家
設計：三浦慎建築設計室

傾斜地での建ち方として、斜面から突き出す方法と、斜面に沿って下る方法を組み合わせることによって、性格が異なる3つのリビングが形成されている。

所在	長野県
主要用途	専用住宅
家族構成	夫婦
構造	木造集成材ラーメン工法
規模	地上2階
敷地面積	1055.31㎡
建築面積	61.69㎡
延床面積	77.81㎡
竣工	2008年

CHAPTER 02・立地環境とカタチ

SECTION 16 | 木立の中に建つカタチ

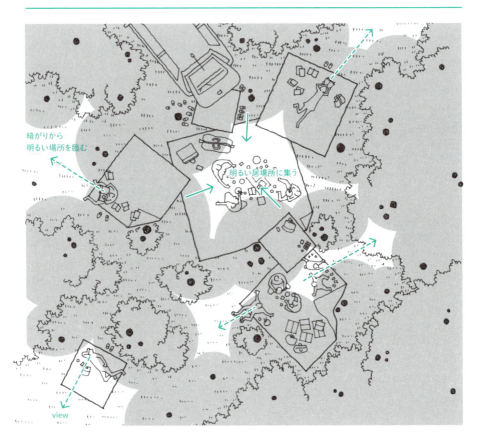

　樹木の枝葉の位置を観察してみると、ときおり、思った以上に高い所で生い茂っている場合がある。それら樹木の天井は、木陰のような居心地をつくってくれるし、木々の切れ目は、天窓のように、所々に光を落とすこともある。

　また、樹木が林立する様子は、壁とは違い、疎密のあるランダムな配置によって、周囲に曖昧な奥行き感をつくり出す。

　落葉樹*であれば、夏は日差しを遮り、冬は取り込んだりなど、足下の環境を季節ごとに調整してくれる。

　木立の中には、そんな「建築っぽい」状況がすでに隠れている。それらに倣い、強調するような気分で、木立の中での建ち方を考えてみよう。

 [ワンポイント] 取り立てて、明快な眺望や方向性のない木立の中では、全方位に感度を高くして向き合う建ち方がいい。きっとそれぞれの向きには、ちょっとした「差」が見つかるはず。

SECTION 16・木立の中に建つカタチ

1 木立の中での居場所について考えてみる

木立の中は、一見、同じ状態が繰り返されているように見えても、観察する視点を定めれば、場所ごとの、ちょっとした差に気づくはず。

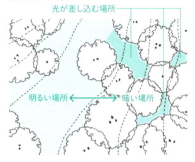

木立の配置に明暗の差を見つける

木立の足元に広がりを見つける

2 木立の中での建ち方を考えてみる

試しに、木立の隙間に、いろいろなカタチを配置してみよう。それぞれの居場所にふさわしい「向き」や「動き」を想定することが、プランの具体化につながっていく。

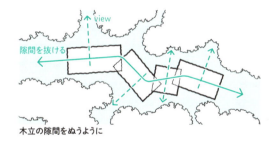

木立の隙間をぬうように

木立に向き合うように

3 高さに応じた樹木との関係を考えてみる

樹木は、上の方(樹冠)と下の方では、枝葉の茂り具合に違いがみられる。だから、高さが異なるいくつかの居場所を想定し、それぞれの床の高さが、周囲の樹木とどのような関係を結べるか考えてみよう。

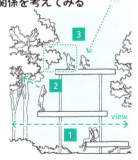

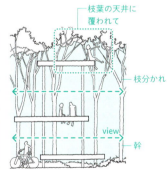

居場所の高さと樹木との関係

ときには枝葉も天井のひとつ

＊落葉樹:「落葉樹」と「常緑樹」とは、一年を通じて、葉が落ちるか否かによる樹木の分類方法。また、「広葉樹」と「針葉樹」とは、葉の形状によって大別する方法。ちなみに、「落葉樹」の中には、「広葉樹」も「針葉樹」も含まれる。

CHAPTER 02・立地環境とカタチ

4 木々の隙間を居場所化してみる

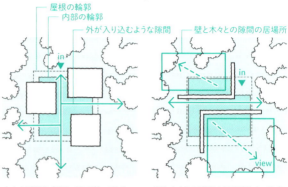

木立の中に建てるということは、木々の隙間を間借りするようなものかもしれない。そこにある状況や傾向を観察して、周囲に溶け込むような建ち方を考えてみよう。

木々の隙間を内部にも再現してみる　　壁と木々との隙間を居場所にしてみる

5 それぞれの居場所とそれぞれの向きを考えてみる

右図は、木立の隙間に大小のボリュームを、足し算の方法で配置してみた場合である。機能に応じた個々のボリュームは、回転させた連結によって、あちこちをよそ見するように、それぞれの居場所に固有の景色に向かう。

平面の構成　⇒　A部分 平面図

[**ワンポイント**] 枝葉の屋根に覆われていたり、草むらを掻き分けた向こう側とか、たまたま差し込む日差し、ぽっかりとあいた場所など、そこにある自然な状況を、そのまま建築の空間に置き換えてみよう。

084

SECTION 16・木立の中に建つカタチ

CASE STUDY 16　　　　　　　　　　事例から学ぶカタチと空間

居場所を切り分け、景色を切り取る放射状の壁

玄関ポーチとして
外が入り込んでいる

納戸

客室

水まわりや寝室などは、
引戸で適宜
閉め切ることができる

寝室

趣味室

実際の距離は近くても、
壁があちらこちらに
物陰をつくり出している

リビング

デッキ

ダイニング

view

キッチン

A'

壁に挟まれた
空間の一部には、
テラスとして
外が入り込む

壁を短く仕切ることで、
隣接する空間が
一体に感じられる

1階平面図 S=1/200

展の家
設計：武井誠＋鍋島千恵／TNA

四角いドーナツ型の床に、放射状に壁を配置した構成。壁同士に挟まれた隙間には、独立感のある居場所を形成しつつも、壁の長さを変化させることで、隣り合う空間同士のつながり方が調整されている。

所在	長野県
主要用途	週末住宅
家族構成	夫婦
構造	鉄骨造
規模	地上1階
敷地面積	1034.3㎡
建築面積	98.3㎡
延床面積	98.3㎡
竣工	2011年

view

A-A'断面図 S=1/300

EXERCISE・02

[空間を覆うカタチの見立て]

見慣れたカタチと空間のカタチ

ふだん、見慣れたもののカタチを、空間を覆うカタチに見立ててみよう。建築を構成するなにかのカタチと似ているものがあるはず。

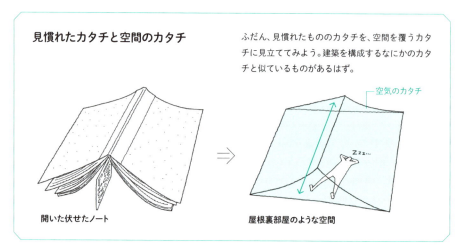

手当たり次第に伏せてみる

建築に限らず、いつもと違う角度から見ると、新たな表情を発見することがよくある。伏せたもののカタチに、覆われた空間を想像してみよう。

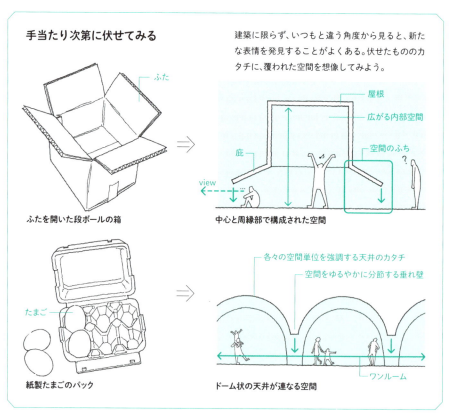

EXERCISE 02・空間を覆うカタチの見立て

瞬間を切り取ってみる

たまたま、そこにある瞬間、ある状態に、興味深いカタチを発見することがある。たとえば、乱雑に積み上げた本や、それらがくずれた状態、クシャッと丸めた紙くずや、ペロッとめくれ上がった紙の縁など。そこに生じる隙間や、空気のはらみ方などに注目してみよう。内外空間の入り混じる様子や、つながり具合として見立てられる。

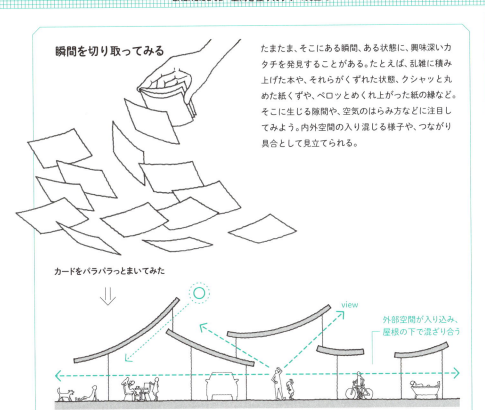

ネガポジ反転してみる

あなたのイメージの源泉は、そのものズバリのカタチを投影したものとは限らない。ひとつのモチーフから、ネガポジ（図と地の）反転したカタチも同時に得ることができる。

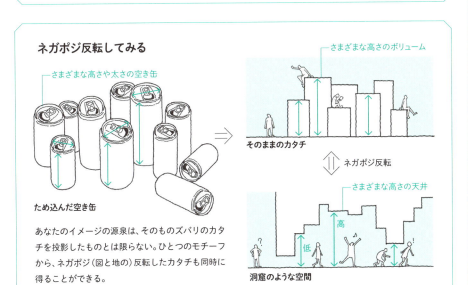

CHAPTER 3

機能でまとめるカタチ

ふつう、「建築計画」の講義では、ゾーニングや動線、モデュールなど、機能的に計画をまとめるための方法が登場する。なんとなく堅苦しい印象をもってしまいがちだ。機能的であることが、そのまま良い建築ではないし、クリエイティブな創作と、相反するようにとらえている人さえいるかもしれない。けれど、こういった計画学の方法は、機能を満たすだけでなく、自分のコンセプトに沿ったデザインを、シンプルにまとめる解決策にもなり得る。

SECTION 17 ゾーンでまとめるカタチ

1 家に関連する行為を、思いつく限り書き出してみる

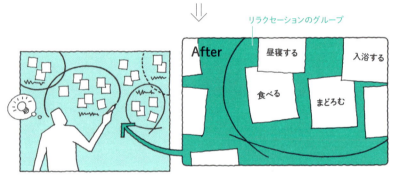

2 似たもの同士に並び替えて、グループ化してみる

　たとえ戸建て住宅で暮らした経験がなくても、たいていの人は、住宅で営まれる行為や、必要な機能、典型的な間取りなどをイメージすることができる。むしろ、知りすぎているせいで、型にはまったスタイルを想定し、わかった気になっているのかもしれない。
　こうした思考停止を回避するためにも、まずは、住宅内にある機能や行為を、思いつく限りピックアップし、いろいろなグループ分けを試してみよう。
　プランニングに反映するコツは、それらのグループを、chapter 1で紹介した、さまざまなカタチの中に、「ゾーン」として配置してみることだ。空間と結びついた「ゾーニング」*を考えていこう。

[ワンポイント]「寝る」「食べる」「調理する」「入浴する」などの代表的な行為は誰でも思いつく。けれど、各々の行為のなかに含まれる、より些細な行為や動作を想像してみることが大切だ。

SECTION 17・ゾーンでまとめるカタチ

1 住宅の機能や行為をグループ化してみる

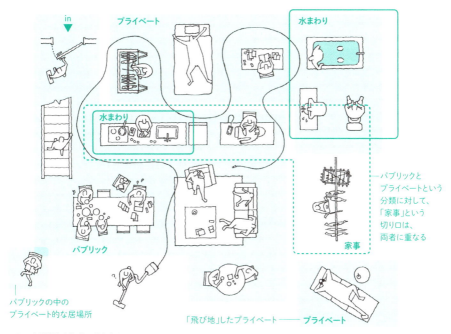

からみ合う機能や行為のまとまり

住宅の機能や行為は、パブリックとプライベートに分類されることが多い。けれど、上図のとおり、実は明快に切り分けることが難しい。それは、逆に考えれば、あなた自身の切り口で分類可能ということだ。

2 グループ化した機能や行為をカタチにしてみる

機能や行為は、いろいろな単位でグループ化することができる。それらのゾーンの構成を、カタチとして描き出してみよう。

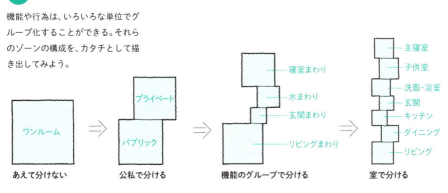

＊**ゾーニング**：都市計画や建築計画において、似ている性格の要素同士をグループ化し、割り付けていく方法のこと。住宅設計でゾーニングを考えるときには、内部同士の関係だけでなく、外構や敷地周囲も考慮しよう。

③ 敷地全体のゾーニングを考えてみる

敷地の中をゾーニングするとき、仮のボリュームを配置してみるといい。建物と外構をセットにして、空間のカタチを想像しやすい。

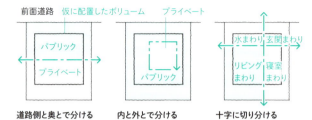

④ 断面でのゾーニングも考えてみる

ゾーニングは平面ばかりでなく、立体（断面）でも検討しよう。chapter 1で示したカタチは、そのままゾーニングの選択肢になり得る。

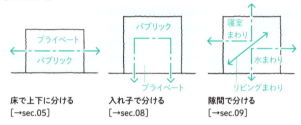

⑤ 試しにゾーニングに沿って家具などを配置してみる

家具を配置すると、暮らしを想像しながら、空間の細部について、具体的な検討がしやすい。ゾーンの間を行き交う動きや、ゾーン同士の境界、外構との結びつきなどに注目してみよう。

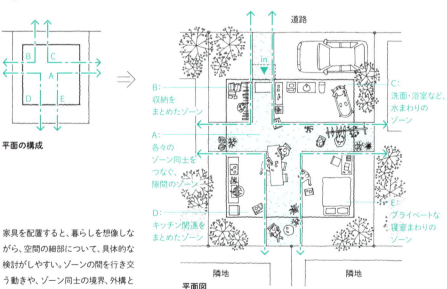

[ワンポイント] 廊下に収納を設けたり、リビングの一部を動線として兼ねることが多いように、機能とそれに必要な室（空間）とが、常に1対1の関係であるとは限らない。

SECTION 17・ゾーンでまとめるカタチ

CASE STUDY 17 | 事例から学ぶカタチと空間

矩形の各辺で向き合う、4つの機能と4つの景色

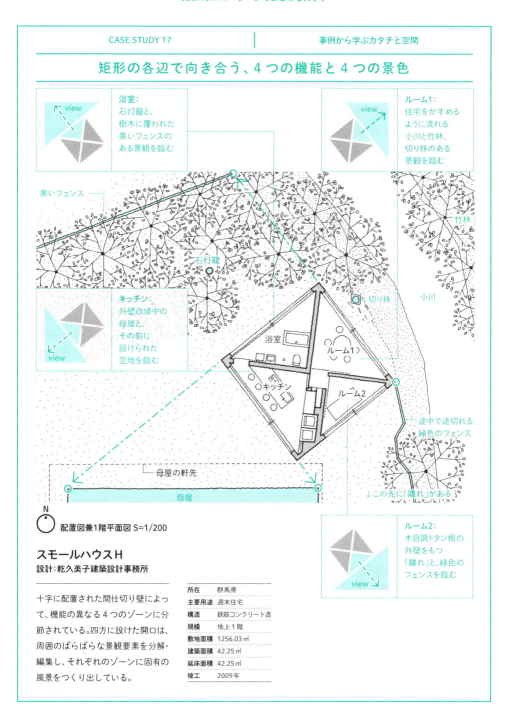

配置図兼1階平面図 S=1/200

スモールハウスH
設計：乾久美子建築設計事務所

十字に配置された間仕切り壁によって、機能の異なる4つのゾーンに分節されている。四方に設けた開口は、周囲のばらばらな景観要素を分解・編集し、それぞれのゾーンに固有の風景をつくり出している。

所在	群馬県
主要用途	週末住宅
構造	鉄筋コンクリート造
規模	地上1階
敷地面積	1256.03 ㎡
建築面積	42.25 ㎡
延床面積	42.25 ㎡
竣工	2009年

SECTION 18 動線でまとめるカタチ

　人や物が移動するための経路を「動線」と呼ぶ。

　廊下や階段のように、動線を専用の空間として確保したり、室の一部を兼用することもある。また、動線は合理化が求められることが多い。廊下の長さを短くしたり、「家事動線」のように、関連する機能をひとつながりにまとめることもある。

　けれど、ここでは動線を空間づくりに活かす方向で考えていこう。

　たとえば、伝統的な縁側は、動線でありながら、内外をゆるやかにつなぎ、かつそれ自体が居場所となる。また、庭園や美術館の経路は、視点の移動に伴い、空間や眺望、そして気分までをも変えてくれる。そんな動線を住宅のなかに想像してみよう。

[**ワンポイント**]河辺の遊歩道や、街なかの路地を歩くとき、少し意識すると小さな発見や変化に気づくことがある。そして、そこに屋根を架けて暮らしてみることを想像してみよう。

SECTION 18・動線でまとめるカタチ

1 単なる「通路」ではない動線を考えてみる

縁側まわりの断面構成

「廊下」という名称には、どうにも無機質な、「通路」としての機能に特化したイメージを抱きがち。だから、ここでは動線を「散歩道」のようなものとしてとらえてはどうだろうか。場所と場所をつなぐ経路でありながら、無目的に散策したり、居心地の良さそうなスポットを見つけてたたずんだり。そんな、自然と引き寄せられるような動線を考えてみよう。

2 動線から全体のカタチを考えてみる

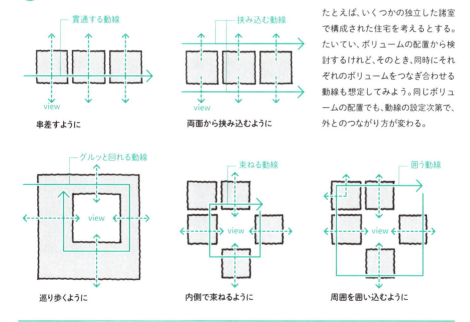

たとえば、いくつかの独立した諸室で構成された住宅を考えるとする。たいてい、ボリュームの配置から検討するけれど、そのとき、同時にそれぞれのボリュームをつなぎ合わせる動線も想定してみよう。同じボリュームの配置でも、動線の設定次第で、外とのつながり方が変わる。

＊止まり木：鳥かごの中に設けた、鳥がとまるための横木のこと。空間づくりの面では、さりげなく設けられた人の休憩場所のこと。[→sec.26-30]

③ 動線を内外の一部に見立ててみる

室や庭との間の仕切りを、開放可能な引き戸にしてみよう。動線を内外の一部に見立てることで、室が外部へと近づいたり、逆に外部を引き寄せるような変化をもたらす。

動線を内部の一部にする　　動線を外部の一部にする

④ 動線の広がりを考えてみる

日常的な移動のなかにも、外への広がりや、季節の変化を取り込もう。

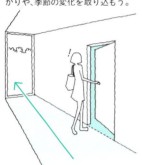

外へ抜けていくように

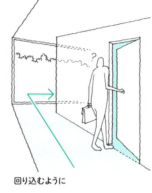

回り込むように

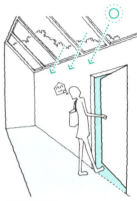

空の下のように

⑤ 動線を「○○化」してみる

住宅内での機能や行為を、動線と重ね合わせてみよう。床面積の節約になるし、なによりも、立ち寄る場所が多い暮らしも悪くない。

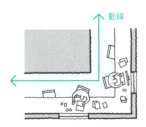

共用のワークスペース化

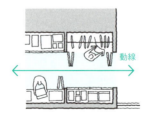

ウォークインクローゼット化

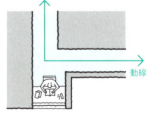

こもれる書斎化

 [ワンポイント] 閉鎖的な洞窟も、公園の周囲と溶け合う遊歩道も、また、活気と人ごみにあふれる市場の通路にも、それぞれなりの特徴と魅力があり、建築の動線を考えるヒントになるだろう。

SECTION 18・動線でまとめるカタチ

CASE STUDY 18 | 事例から学ぶカタチと空間

ひと続きの動線上に並ぶ、立ち寄りたくなる居場所

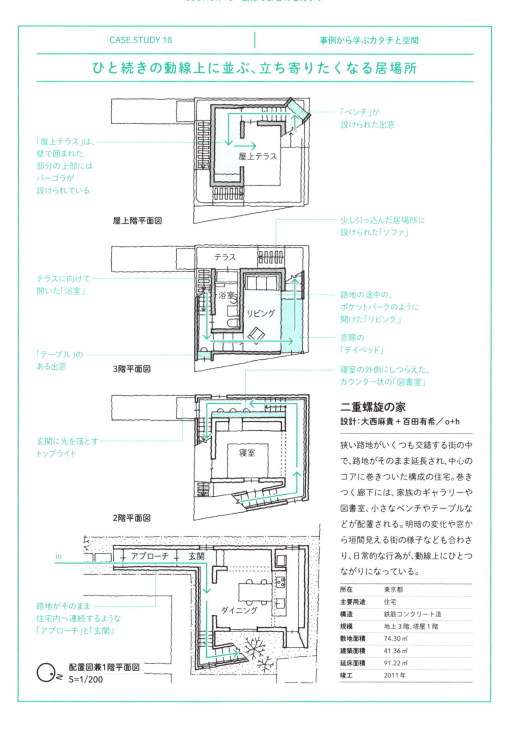

二重螺旋の家
設計：大西麻貴＋百田有希／o+h

狭い路地がいくつも交錯する街の中で、路地がそのまま延長され、中心のコアに巻きついた構成の住宅。巻きつく廊下には、家族のギャラリーや図書室、小さなベンチやテーブルなどが配置される。明暗の変化や窓から垣間見える街の様子なども合わさり、日常的な行為が、動線上にひとつながりになっている。

所在	東京都
主要用途	住宅
構造	鉄筋コンクリート造
規模	地上3階、塔屋1階
敷地面積	74.30 ㎡
建築面積	41.36 ㎡
延床面積	91.22 ㎡
竣工	2011年

SECTION 19 | 島型コアでまとめるカタチ

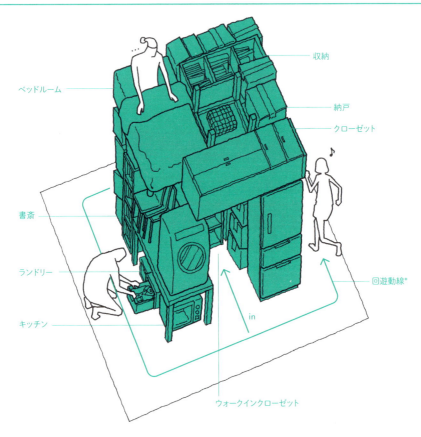

住宅での日常的な行為や物品のなかには、家族といえども人前にさらしたくないことがある。だから、たいていは壁で囲ったり、扉で閉ざしておくものだ。また、家の中には、配管や配線の都合上、特定の場所に固定しておく設備や機能がある。

これらのスペースは、ふつう家の中に細切れに散在している。けれど、1カ所(もしくは数カ所)に集めてコンパクト化・合理化すること、それが、「コア」にまとめる目的といえるだろう。

これを空間づくりの視点から眺めると、「コア」の周囲には、かなり自由なスペースが生じる。外部とコアとの隙間を、内外のバッファと見立て、コアの周囲を窓辺が取り囲むような空間を想像してみよう。

 [**ワンポイント**]住宅事例の平面図から、コアにまとめられそうな要素をピックアップしてみよう。また、それらを色塗りして、平面図上での分散した様子を観察してみよう。

SECTION 19・島型コアでまとめるカタチ

1 コアにまとめる要素をピックアップしてみる

住宅内の機能や設備、空間のうち、コアにまとめられそうな要素を挙げてみるといい。それぞれ、どのようなサイズが必要なのか確認してみよう。

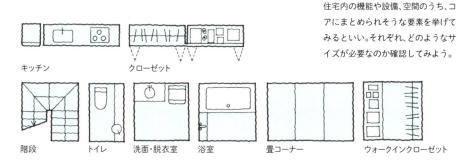

2 島型コアの平面形を考えてみる

島型コアをもつ平面形を考えるとき、動線や開口の向きも合わせて想定するといい。たとえば、コアの周囲に細長いワンルームが巻きつく状況が生じていたり、コアが室同士の間仕切りとなっていることなどに気づくだろう。

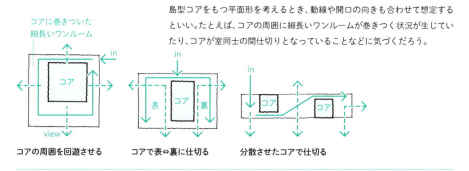

3 試しに家具などを配置してみる

コアの中身をレイアウトするときは、周囲の空間との関連に注目してみるといい。また、周囲の空間の幅は、機能に合わせて変化をつけてみよう。

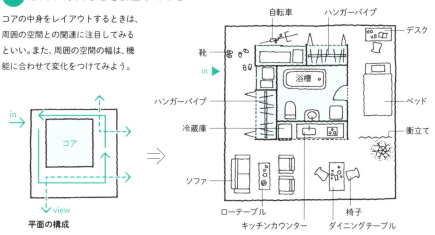

＊回遊動線：行き止まりのない、グルグル回れる動線のこと。空間づくりの面では、動線的に回れるだけでなく、いろいろな居場所を渡り歩ける工夫が大切。[→sec.18]

CHAPTER 03・機能でまとめるカタチ

④ コアに機能を集約しつつ、空間の節目にしてみる

右図は、細長いカタチの中を、2つのコアで分節してみた例である。コアに隣接する室の立場から、どんな機能が身近にあるとよいか考えてみよう。

⑤ コアを動きの軸にしてみる

コアのまわりに巻きつくように、床を立体的にレイアウトしてみよう。そのとき、それぞれの床に、具体的な機能を与え、コアの中身を吟味したり、どこからコアにアクセスすべきか検討してみるといい。

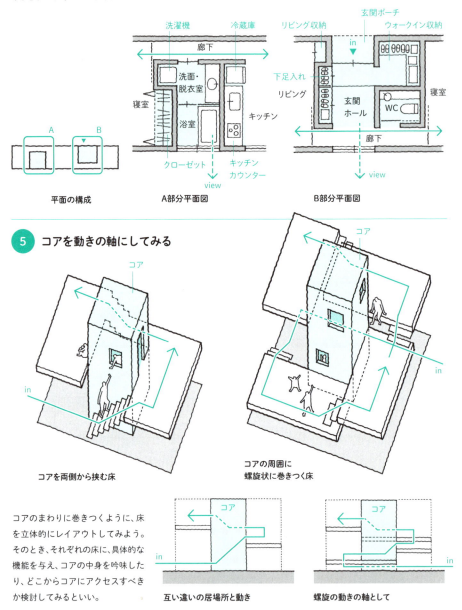

[ワンポイント] 島型のコアでまとめた住宅の事例を集めて、コア以外の部分を平面図上で色塗りしてみよう。そのとき、広くまとまったスペースや、くびれた部分のカタチなどに注目するといい。

SECTION 19・島型コアでまとめるカタチ

CASE STUDY 19　　　　　事例から学ぶカタチと空間

凝縮したコアの周囲に、立体的に寄り添う居場所

A-A'断面図 S=1/100

コアの上部に載せられたティーバルコニー

2階では、コア内部のキッチンが公私を分節している

コアの周囲を回り込む動線。外壁1枚で街角にさらされた立地において、2階の居住空間と外との間に距離感をつくり出している

（断面図ラベル：ロフト／ティー・バルコニー／view／リビング・ダイニング／寝室／キッチン／ギャラリー／リビング／バスルーム／車庫／コア）

2階平面図（寝室／キッチン／リビング・ダイニング）

ロフト階平面図（ロフト／ティー・バルコニー／吹抜）

配置図兼1階平面図 S=1/250（ギャラリー／リビング／バスルーム／車庫）

T・N-HOUSE
設計：北山恒 + architecture WORKSHOP

ティー・バルコニーを頂部に載せ、水まわりや収納などを集約したコアを中心に据えた住宅。コアの周囲は、さまざまなボリュームの生活空間が巻きつき、それぞれにコアの機能と関係を結んでいる。

所在	神奈川県
主要用途	住宅＋ギャラリー
構造	木造
規模	地上2階
敷地面積	56.19 ㎡
建築面積	39.18 ㎡
延床面積	77.98 ㎡
竣工	2000年

SECTION 20 | 壁際にコアをまとめるカタチ

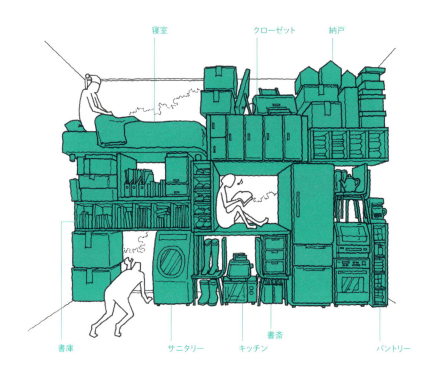

　ここでは、住生活をバックアップするような機能の空間や設備を、壁際にまとめる方法について考えてみる。オフィスビルの計画学では、「片コア」「偏心コア」などと呼ばれる平面形式のことである。
　元々、この方法のメリットは、まとまった面積や形状の居室空間を確保できる点にある。けれど、ここでは、「分厚い壁のような空間を周囲にまとう」という側面に注目してみよう。
　この分厚い壁のようなコアは、機能の集約に加え、外気からの熱負荷を低減する、大きな空気層のようなものだ。しかも、開口部やテラス、サンルームなど、人の居場所も導入すれば、コアは、内外のつながりを調整するバッファにもなり得る。

[ワンポイント] オフィスビルの計画学によると、コアの平面形式は、「集約方式」「分散方式」「外コア方式」に大別される。センターコア、片コア（偏心コア）、両端コア、分散コア、外コアなどが代表的な平面形式である。

SECTION 20・壁際にコアをまとめるカタチ

1 コアの要素を壁際にまとめてみる

下図は、水まわりや動線を壁際にまとめたコアの例。島型のコアと比べて、内部はひとまとまりの空間になる。また、コア自体は、特定の方向に対する、障壁のようだ。

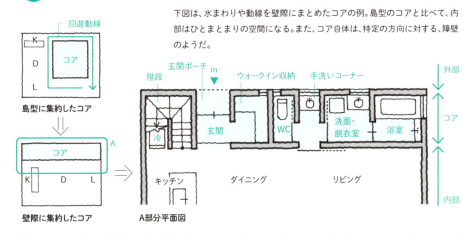

2 コアを厚い壁の層として考えてみる

住宅の外周をコアで囲んでいくと、本来の「コア＝核」という意味からずれていく。ここでは、外部との境界面を、厚みのあるバッファで包み込むイメージで考えていこう。

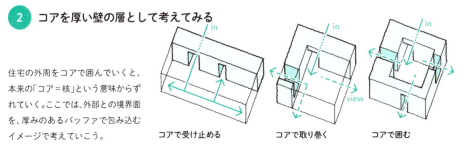

3 試しに家具などを配置してみる

コアが完全に壁に閉ざされていると、閉鎖的になりすぎる。多孔質な壁のイメージで、出窓やテラスなどを、厚みの中に組み込んでみよう。

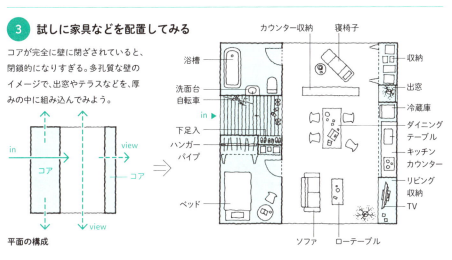

4 具体的な機能から、コアの厚みを考えてみる

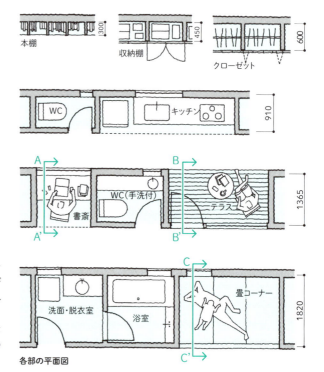

住宅の中で、収納やトイレ、浴室、キッチンなどは、日常的な利用頻度が高く、比較的共通な寸法でつくられる。それらの寸法は、「単位空間」*として広く浸透している。似たような寸法の「単位空間」を集めて、ひとつながりの帯状に並べてみよう。

各部の平面図

5 厚みの中に居場所を設えてみる

分厚い壁の中身は、機能的な要素ばかりが詰まっているとは限らない。内外をつなぐ、ちょっとした居場所として考えてみよう。

A-A'断面図
外側へ突き出した書斎

B-B'断面図
外を引き寄せたテラス

C-C'断面図
床座空間をつくり出す畳コーナー

 [**ワンポイント**] 住宅の事例を集めて、コアにまとめられそうな要素の寸法を書き出してみよう。このとき、木造住宅ならば、尺貫法(910mmの倍数)に基づくことが多いため、寸法を比較しやすい。[→sec.21]

SECTION 20・壁際にコアをまとめるカタチ

CASE STUDY 20　　　事例から学ぶカタチと空間

居場所をゆるやかに包み込む、機能を納めた外皮

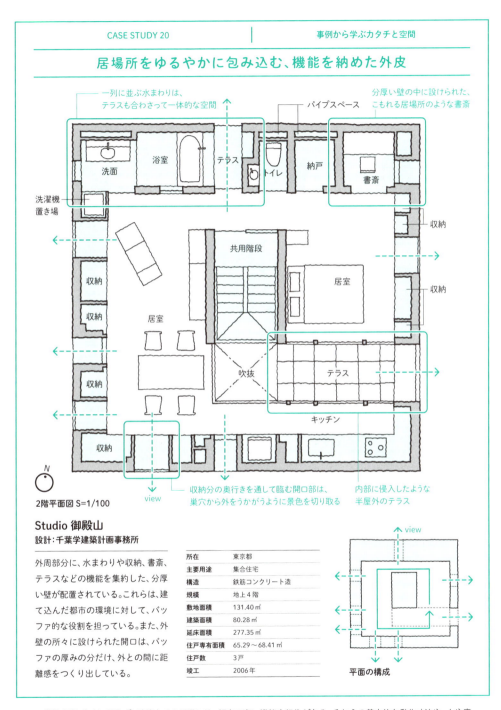

Studio 御殿山
設計：千葉学建築計画事務所

外周部分に、水まわりや収納、書斎、テラスなどの機能を集約した、分厚い壁が配置されている。これらは、建て込んだ都市の環境に対して、バッファ的な役割を担っている。また、外壁の所々に設けられた開口は、バッファの厚みの分だけ、外との間に距離感をつくり出している。

所在	東京都
主要用途	集合住宅
構造	鉄筋コンクリート造
規模	地上4階
敷地面積	131.40㎡
建築面積	80.28㎡
延床面積	277.35㎡
住戸専有面積	65.29〜68.41㎡
住戸数	3戸
竣工	2006年

＊単位空間：住宅に限らず、建築内での活動には、頻度の高い機能や行為がある。それらの基本的な動作寸法や、人や家具、設備などに必要な空間サイズを示したものを「単位空間」と呼ぶ。

SECTION 21 | モデュールでまとめるカタチ

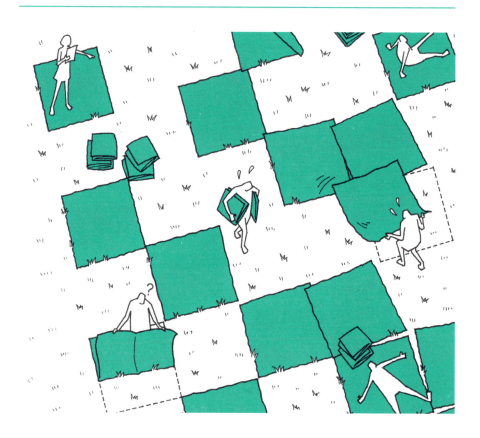

　僕らの周囲には、規則的なカタチやサイズの繰り返しで構成されたものが意外と多い。たいていは、生産性を高めることが目的で、そこでの基準寸法や、寸法の体系をモデュールと呼ぶ。

　たとえば、工事現場に見られる仮設の足場は、あらゆる建築物・構造物の周囲を、迅速に取り囲むための仕組みで成り立っている。どんな形状や規模にも対応できる合理化されたシステムは、見方によっては、機能美さえ感じてしまう。

　けれど、一定の規則に沿ったモデュールの仕組みを導入するとき、ルールを尊重しすぎると、単調で退屈なものに陥ることもある。多少は融通をきかせたり、予想を裏切るような機転も大事だ。

 [ワンポイント] 身のまわりの物で、規則的な寸法の繰り返しで構成されたものを探してみよう。それらのなかで、折れ曲がったり、不整形な輪郭、寸法が変化する部分で、どんな対応がなされているか観察してみよう。

SECTION 21・モデュールでまとめるカタチ

1 最も身近なモデュールを思い出してみる

和室は、尺貫法*に基づき、畳のサイズを基本に室のサイズを拡張していくことができるシステムである。

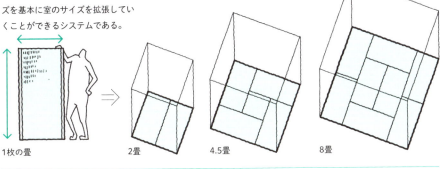

1枚の畳　2畳　4.5畳　8畳

2 基本のモデュールを定め、つなぎ方を考えてみる

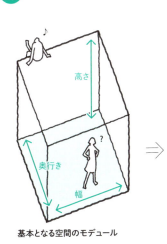

基本となる空間のモデュール

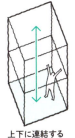

上下に連結する

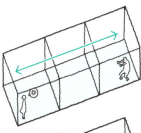

水平方向に連結する

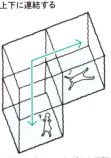

吹抜けを介してつながる上下階

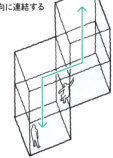

さらに上部に拡張してみる

基本となるモデュールを連結するとき、水平方向はもちろん、垂直方向も交え、立体的に展開してみよう。これらのピースをより集めて、組木細工やパズルゲームのように、全体を形成することを想像してみよう。このとき、多少の隙間を残せば、テラスやサンルームのような、半外部の空間として見立てやすい。

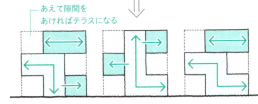

立体的に組み合わせてみる

---

*尺貫法:「1尺 = 303mm」を基本単位とする、日本の伝統的なモデュールである。木造在来工法では、現代でも「3尺 = 910mm」を基準寸法とすることが多く、建材もこれに合わせたサイズが揃っている。

3　モジュールを連結して、家具などを配置してみる

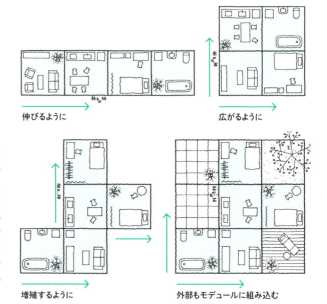

モジュールで空間を考えるときのコツは3つある。1つ目は、モジュールの基本寸法を、あれこれ変えて試してみること。2つ目は、モジュールを延長するとき、全体のカタチにも気を配ること。3つ目は、モジュールの内側が、必ずしも内部空間とは限らないこと。同じ枠組みの中に、内外の空間が入り交じる様子を想像してみよう。

4　モジュールの外皮を考えてみる

モジュールの空間を囲う外皮は、屋根・壁・ガラス・床が基本だ。ほかにも空間を仕切るスクリーンになりそうなものを探してみよう。ときには、「素通し」も選択肢のひとつだ。

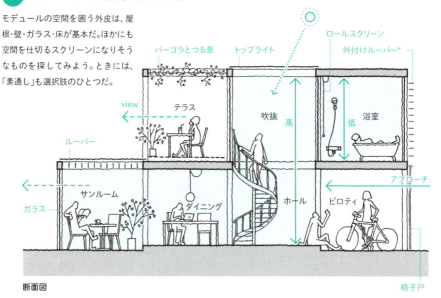

[ワンポイント] モジュールが特徴的な住宅には、どんな基準寸法が採用されているか、事例を集めて比較してみよう。もちろん、それぞれの全体形や空間的な特徴も合わせて押さえておこう。

SECTION 21・モジュールでまとめるカタチ

CASE STUDY 21 | 事例から学ぶカタチと空間

柱と家具がつくる、空間のまとまり・つながり・広がり

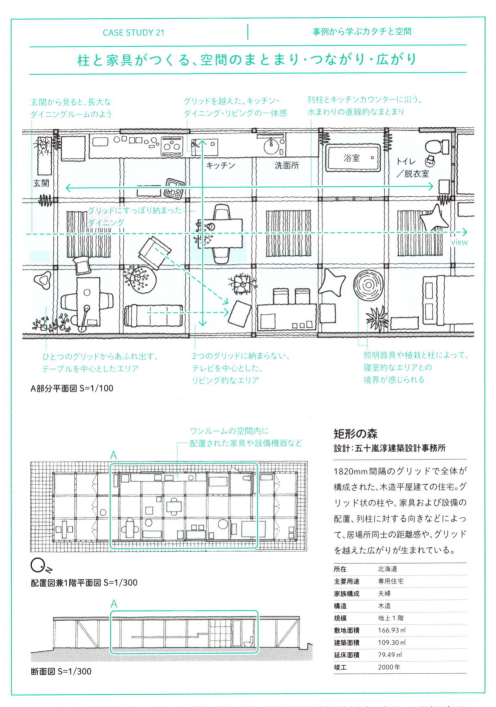

EXERCISE・03

[空間を縁取るカタチの見立て]

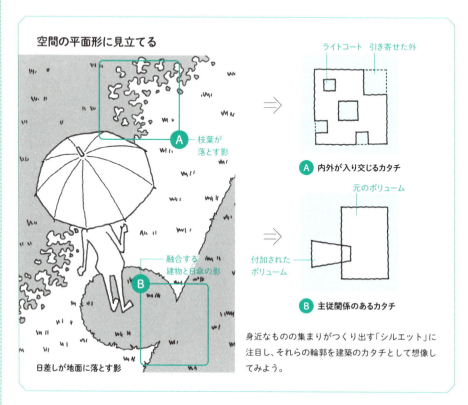

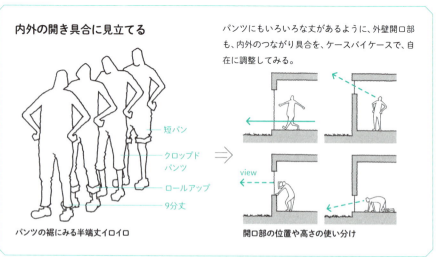

透過性のある「外皮」に見立てる

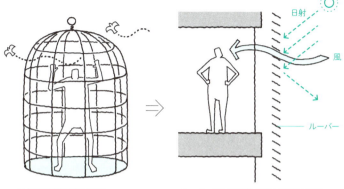

鳥かごは「透過」と「遮断」　　ルーバーによる日射の遮蔽と通風の確保

暮らしの道具のなかには、ざるや網、ふるい、スノコなど、必要なものだけを選り分ける、フィルターとしての機能をもつものが案外多い。一方、建築の「外皮」でも、風や光、熱、雨、湿気、視線、虫など、内外を行き来するものが、適宜、選り分けられている。

内と内との境界に見立てる

壁のような、実体としてのスクリーンが存在していなくても、あるエリアの「キワ」や、エリア同士の境目を感じることがある。元来、日本の伝統的な空間には、境界を「暗示」させる要素が多くみられる。こういった手法を観察して、ワンルームの中をゆるやかに分節してみよう。

境界は見えるとは限らない

床の段差で空間を分節する

天井の高さで空間を分節する

CHAPTER 4

室のまとまりがつくるカタチ

住宅は、リビング・ダイニング・キッチン・寝室・書斎など、機能が定められた室の集まりだ。けれど、実際にはリビングで昼寝をすることもあるし、寝室は寝るだけの室ではない。また、一連の行為が、室をまたぐこともあるだろう。だから本書では、かかわりの深い室同士を、ゆるやかに4つのゾーンに分類してみた。室単位でみるよりも、ゾーニングの手法でカタチにしやすいし、なにより、生活の実感をもって考えていけるはずである。

SECTION 22　リビングまわりのカタチ

　現代日本の住生活において、リビングとダイニングおよびキッチンは、明確な切れ目なく使われることが多い。だから本書では、それらをまとめて「リビングまわり」と定義してみた。

　ところで、リビングまわりって、なんとなく実態がつかめない気がする。必要な家具や設備を用意しただけでは、本質をつかみ切れていないような物足りない感覚。それは、リビングまわりには、些細でさまざまな「行為」が集まっているからでは。それらは、空間や家具などと1対1の関係にはなく、同じ場所をシェアしている。

　「家族団らん」とか「くつろぐ」のひと言で片づけてしまい、暮らしの実体を見逃してしまわないように。

　[**ワンポイント**]あなたの家のリビングまわりには、どんな「行為」が集まっているだろうか？一日のタイムテーブル上に書き出して確認してみよう。

SECTION 22・リビングまわりのカタチ

1 リビングまわりの3要素から、全体のカタチを考えてみる

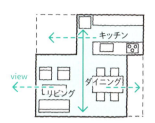

キッチンだけ分ける[→sec.01]

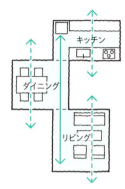

それぞれで分ける[→sec.02]

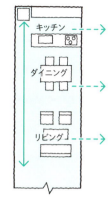

あえて分けない[→sec.03]

密接な関係にあるリビングまわりの3要素であるが、住人の生活スタイルによって、適度な空間の節目が必要なときがある。そういうきっかけを見逃さず、chapter 1のカタチと結びつけていこう。

2 ダイニングテーブルから行為を考えてみる

ダイニング*は、食事のための空間であるけれど、日本の一般家庭では、さまざまな行為がダイニングに集まる。その中心を担うのがダイニングテーブルだ。お茶を飲みながら雑談したり、ノートパソコンを持ち込んで仕事をしたり、小学生の子供が宿題をしたり、そんな風に、自然に集まれる大きなダイニングテーブルがあるといい。あなたの家庭では、ダイニングテーブルをどんな風に活用している？

ダイニングテーブルに集まる行為

＊**ダイニング**：本来は、正餐（＝dinner）を主目的とした空間。食事室と居間を兼用していた、かつての日本の茶の間が、現代のように機能によって分かれてもなお、ダイニングを多目的に利用している様子は興味深い。

CHAPTER 04・室のまとまりがつくるカタチ

③ 家族が集まるキッチンを考えてみる

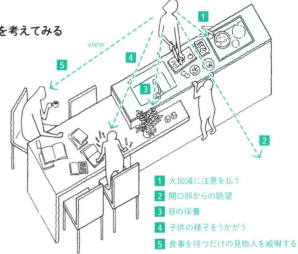

1 火加減に注意を払う
2 開口部からの眺望
3 目の保養
4 子供の様子をうかがう
5 食事を待つだけの見物人を威嚇する

現代の住宅では、キッチンが北側の別室に追いやられることはほとんどない。むしろ、リビングまわりで一番見通しの良いポジションを獲得するくらいだ。ならば、キッチン周辺に人と行為が集まってくるような、キッチン中心のリビングまわりにしてみよう。

スツールで向き合う

掘り床で向き合う

床レベルを変えて、ダイニングテーブルと一体化

④ 「○○のようなリビング」と想像してみる

リビングは、実生活において、多様なくつろぎにまつわる行為の受け皿になっているはず。けれど、「応接セットを配置したら完了」と、思考停止に陥りがちだ。だから、リビングを考えるきっかけとして、なにかテーマを設け、空間づくりに結びつけてみよう。そこから住宅全体のコンセプトへと発展させることもできるはず。

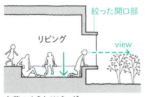
穴蔵のようなリビング

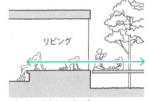
デッキのようなリビング

踊り場のようなリビング

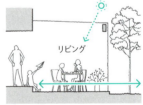
外のようなリビング

[ワンポイント] キッチンカウンターなどの設備や、ダイニングテーブル、チェア、ソファなどの家具、冷蔵庫など、リビングまわりで多用する物の基本寸法を把握しておき、住宅各部の計画に活かそう。

SECTION 22・リビングまわりのカタチ

CASE STUDY 22　｜　事例から学ぶカタチと空間

テーブルの周囲に寄り添うリビングまわり

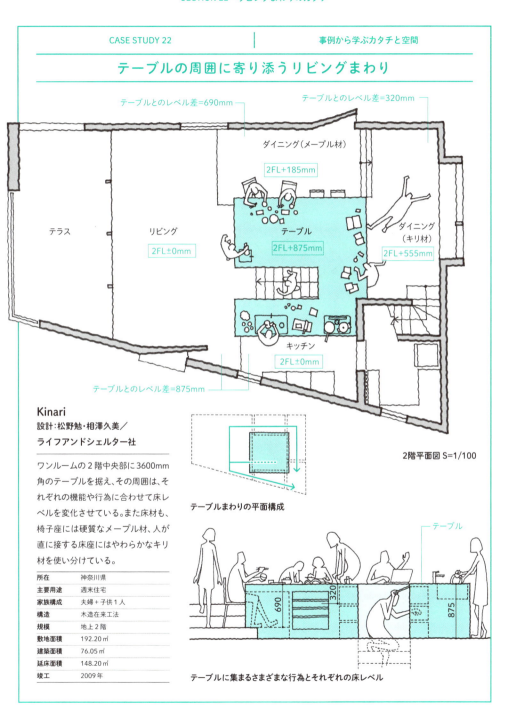

2階平面図 S=1/100

テーブルまわりの平面構成

テーブルに集まるさまざまな行為とそれぞれの床レベル

Kinari
設計：松野勉・相澤久美／ライフアンドシェルター社

ワンルームの2階中央部に3600mm角のテーブルを据え、その周囲は、それぞれの機能や行為に合わせて床レベルを変化させている。また床材も、椅子座には硬質なメープル材、人が直に接する床座にはやわらかなキリ材を使い分けている。

所在	神奈川県
主要用途	週末住宅
家族構成	夫婦＋子供1人
構造	木造在来工法
規模	地上2階
敷地面積	192.20㎡
建築面積	76.05㎡
延床面積	148.20㎡
竣工	2009年

CHAPTER 04・室のまとまりがつくるカタチ

SECTION 23 | 寝室まわりのカタチ

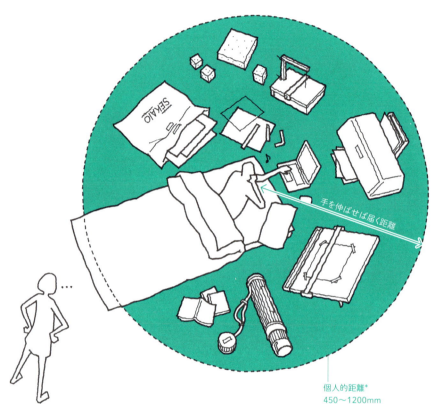

手を伸ばせば届く距離

個人的距離*
450〜1200mm

　設計課題の過程で、リビングまわりは、誰でもはじめにイメージするけれど、寝室まわりまでは意識が到達せず、単に個室を確保するていどの計画に陥りがち。けれど、ひとりなにかに集中できる環境や、プライベートなゾーンなりの、家族で共有された作業場があるといい。
　プランニングの面からみると、パブリックからプライベートへと、段階的に移行させる計画や、反対に、それらが溶け合っている計画もあり得る。また、住宅の中の最奥だと思い込んでいた寝室まわりが、実は一番外に近づく計画だってある。
　これらはいずれも、寝室まわりを、ほかのゾーンと対等に、相対的にとらえたからこその発想なのである。

 [ワンポイント] あなたが気になる住宅の事例について、平面図上で寝室まわりを色塗りして、それらが占めるエリアと、住宅全体の動線を記入してみよう。

SECTION 23・寝室まわりのカタチ

1 寝室まわりの位置を考えてみる

住宅を構成する諸室はそれほど多くない。全体のカタチを考えるときには、ざっくりと、それぞれのゾーンが占める位置や、互いの距離のとり方、玄関からの動線などを想定してみよう。

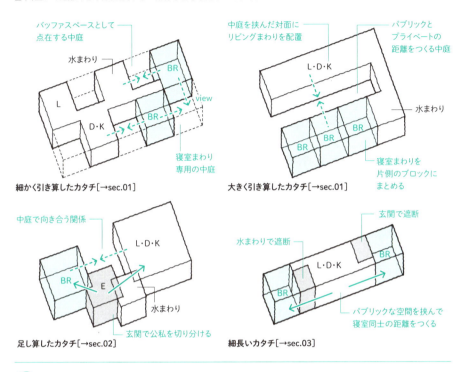

2 寝室まわりのなかに距離感をつくってみる

寝室まわりをまとめる場合は、寝室同士の間に収納やテラスなどの要素を挟み込み、互いのプライバシーを確保しよう。

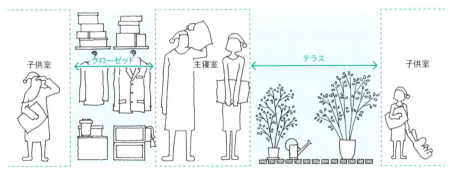

バッファとして挟み込んだクローゼットやテラス

*個人的距離：文化人類学者エドワード・ホールによる、人が感じるテリトリーを段階的に示した「対人距離」のひとつ。「密接距離」「個人的距離」「社会的距離」「公共距離」の4段階に大別されている。

③ 寝室まわりの動線を外とのバッファにしてみる

たいてい、寝室の周囲には、動線としての廊下がある。これを、寝室と外との間に挟み込んだ、バッファとして考えてみよう。バッファがつくりやすいカタチを検討したり、開口部の位置など、外とのつながり具合を調整するといい。

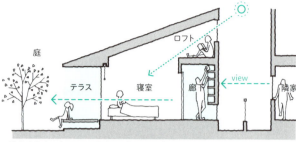

動線を片廊下とテラスに見立てる[→sec.18]

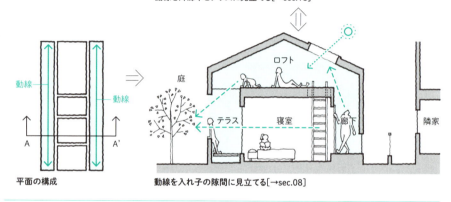

平面の構成

動線を入れ子の隙間に見立てる[→sec.08]

④ 寝室まわりの動線を家族のたまり場にしてみる

寝室まわりの動線を、家族の第2のリビングにしてみよう。長いカウンターテーブルを設けて、適宜、気軽に自分のテリトリーをつくれるように。

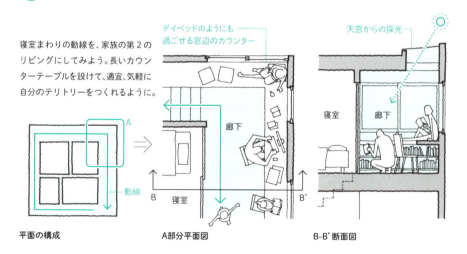

平面の構成　　A部分平面図　　B-B'断面図

[ワンポイント] あなたが気になる、いくつかの住宅事例から、寝室まわりにある「寝室以外の要素」をピックアップして、どんな機能が付加されているか比較してみよう。

SECTION 23・寝室まわりのカタチ

CASE STUDY 23 | 事例から学ぶカタチと空間

大きな「テーブル」に向き合う寝室まわり

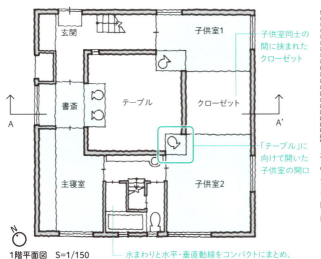

1階平面図　S=1/150

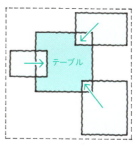

平面の構成
中央部分の「テーブル」では、1階に配置されたそれぞれの室の端から、「ひょいっ」と顔を出すように向き合うことができる。

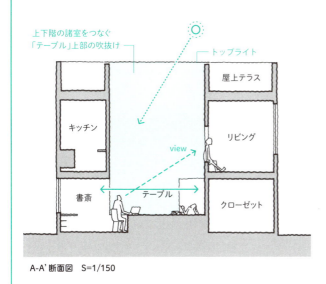

A-A'断面図　S=1/150

桜台の住宅
設計：長谷川豪建築設計事務所

「テーブル」と名づけられた吹抜け空間を中心として、その周囲に諸室が立体的に巻きついた全体構成となっている。1階に集められた寝室群は、互いの隙間をバッファで距離を保ちながら、中央の「テーブル」にアクセスすれば、適宜つながることができる。

所在	三重県
主要用途	専用住宅
家族構成	夫婦 + 子供2人
構造	木造
規模	地上2階
敷地面積	246.42 ㎡
建築面積	89.13 ㎡
延床面積	138.88 ㎡
竣工	2006年

CHAPTER 04・室のまとまりがつくるカタチ

SECTION
24　水まわりのカタチ

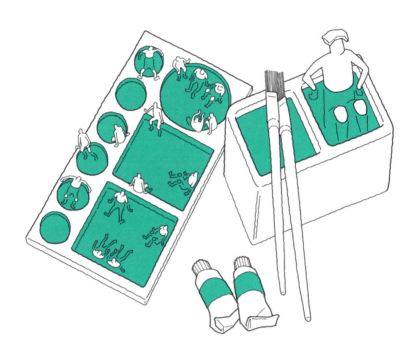

　温泉旅館の露天風呂は、多くの日本人に好まれているけれど、一般的な戸建住宅の水まわりでは、狭くても、閉鎖的でも、なんだかあきらめムードが漂っている。そのかわりに、高機能なユニットバスとか、ゴージャスな洗面化粧台など、欲望のベクトルが、やや残念な方向に向いていると思う。

　また、水まわりを語るうえで、洗濯や掃除などの家事の機能も欠かせない。家事の合理化をテーマにした書籍や雑誌の特集は、頻繁に目にするから、これもよほど大きな関心事なのだろう。

　ならばここでは、リラクセーションにしろ、家事の合理化にせよ、空間づくりと相容れないわけではない、というスタンスで、水まわり空間について再考していこう。

　[ワンポイント] あなたが気になる住宅事例について、平面図上での水まわりを観察して、全体の中における位置づけや、キッチンおよび寝室まわりとの動線、空間的な特徴について比較してみよう。

SECTION 24・水まわりのカタチ

1 水まわりの要素を再確認してみる

水まわりは、見慣れているわりに、予想に反して多くの設備や器具、物品などが集中している。自分の生活を基準に再確認しておこう。

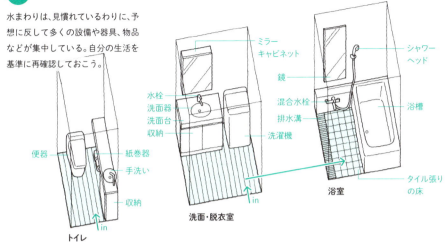

2 水まわりを機能の連なりで考えてみる

家事にかかわる一連の作業を想定すると、水を使う場所ではないけれど、家事室やウォークインクローゼットなども、水まわりと深いつながりがある。このように関連する諸室をどんどんつないでいくと、機能をまとめた細長いボリュームになる。こんな発想で、住宅全体のカタチを考えてみるといい。

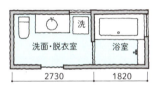

洗面・脱衣室+浴室
洗面・脱衣室にトイレを含めた場合。浴室との間仕切り壁をガラスにすれば、開放的なワンルームにもできる

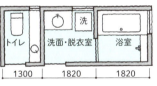

トイレ+洗面・脱衣室+浴室
3室それぞれの独立性を重視した場合。トイレも意外に専用の備品が多いし、手洗いを設けてゆったりめに計画したい

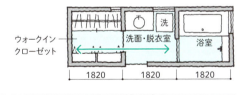

**ウォークインクローゼット
+洗面・脱衣室+浴室**
衣類を脱いだり、洗濯したり、収納したりなど、衣類の移動という観点から、機能を集約した場合

**キッチン+家事室
+洗面・脱衣室+浴室**
炊事・洗濯をはじめ、諸々の家事を行う室を一列に配置して、専用の家事動線とした場合

CHAPTER 04・室のまとまりがつくるカタチ

③ 開放できる水まわりを考えてみる

あなたの街に建つ身近な住宅を外から観察してみよう。ほとんどの場合、浴室の窓には半透明のガラスを用いているはず。これは、「採光・換気・周囲からの視線の遮蔽」を最小限の方法で、合理的に解決した結果だろう。けれど、なんの検討もなしにガラスに頼るのでなく、まずは平面・断面の検討によって、開放できる条件を模索するのが先だ。

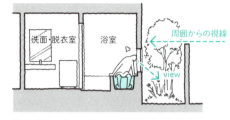

塀との落差でかわして下向きに開く

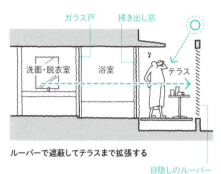

ルーバーで遮蔽してテラスまで拡張する

外壁で遮断し、上向きに開く

④ 水まわりを南面させてみる

居室を南面させることを優先するあまり、水まわりは北側に追いやられることが多い。でも、日当りの良い水まわりは気持ちのいいもの。条件が許す限り、住宅全体のプランニング上で可能性を探ろう。

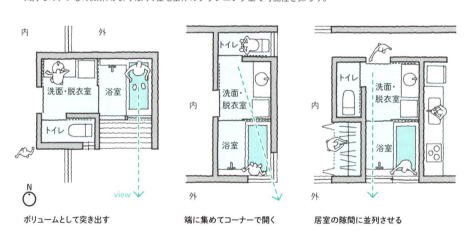

ボリュームとして突き出す　　端に集めてコーナーで開く　　居室の隙間に並列させる

[ワンポイント] 温泉旅館や日帰り温泉などに行ったら、あなたが快適に感じる状況や要素について記録しておこう。アバウトでも構わないので、図と自分の言葉で記しておくと記憶にとどめやすい。

SECTION 24・水まわりのカタチ

CASE STUDY 24 | 事例から学ぶカタチと空間

階段の余白に設けた水まわりが、内部を分節し外へ開く

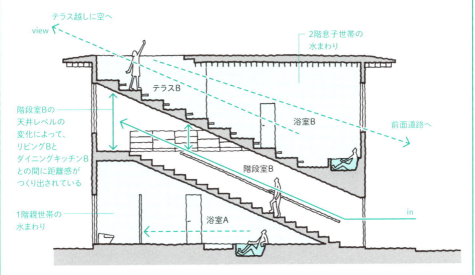

A-A'断面図 S=1/150

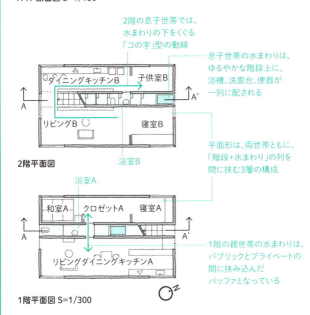

2階平面図
1階平面図 S=1/300

上尾の長屋
設計：長谷川豪建築設計事務所

上下階で、それぞれが独立した二世帯住宅。ゆるい勾配で計画された、上階へのアプローチ階段によって生じる三角形の隙間に、各戸の水まわりが設けられている。その結果、空や道へと連続する水まわりの開放性などが実現され、なおかつ、水まわりが各戸内での空間分節を担っている。

所在	埼玉県
主要用途	専用住宅
家族構成	母＋子、息子夫婦＋子
構造	木造在来工法
規模	地上2階
敷地面積	173.55㎡
建築面積	79.80㎡
延床面積	139.12㎡
竣工	2014

SECTION 25 | 玄関まわりのカタチ

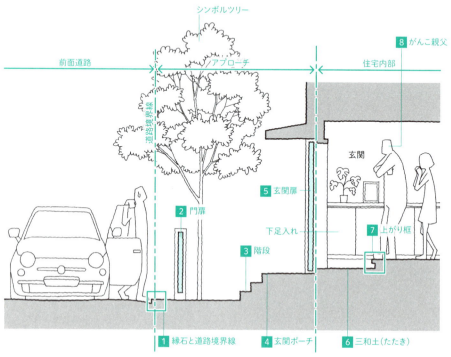

玄関まわりに立ちはだかる8つのギャップ

　現代の多くの住宅に見られる玄関は、外部に対して閉鎖的な傾向にあり、内部に対しても、ほかの諸室との関係は希薄であり（せいぜい、玄関上部の吹抜け越しに、2階廊下へとつながる程度だろう）、内外の流れを遮断する役目にさえ感じられる。

　一方、かつての玄関を振り返ると、たとえば、各々の住戸が通りに面した「町家」の形式では、通りと住居の間に店舗の空間を挟み込むことで、外に開ける仕組みをもっていた。また、店舗から奥の裏庭へと、路地のように伸びる土間＝「通り庭」が貫通していた。このような、住宅の奥深くまで玄関が浸透していく手法を再考することは、現代の住宅を、街へと開くきっかけになるかもしれない。

 [ワンポイント]あなたの身近な街の戸建住宅について、通りから室内へと至るアプローチの断面をスケッチして、床レベルの変化や、庇、天井面、玄関扉などの位置やサイズなどを観察してみよう。

SECTION 25・玄関まわりのカタチ

1 玄関の位置を考えてみる

玄関の位置は、通りからの見えやすさや、自然と引き寄せられるような構えが大事だけれど、内部のプランニングにも大きな影響を与える。たとえば、細長いカタチの場合、先端から入るのと、左図のように中ほどから入るときでは、室の配列が変化するはずだ。

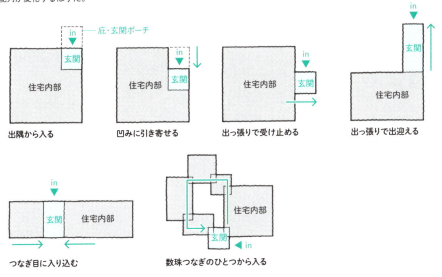

2 玄関の抜けや広がりを考えてみる

窮屈そうな玄関に入っていくのは、なんとなく抵抗を感じてしまうものだ。玄関が元々備えている、そこでの動きや空間のつながりを足がかりに、実際の面積以上の広がりをつくり出そう。

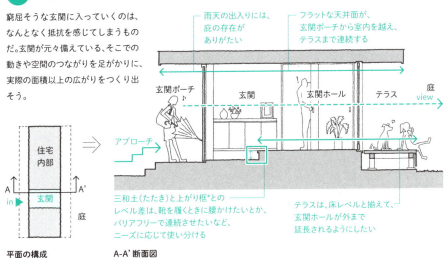

*上がり框(あがりがまち)：床の出隅部分に設ける化粧材のこと。単に「框(かまち)」と呼ぶときは、戸や窓、障子などの建具のフレームのことをさす。ちなみに、建具の「枠(わく)」とは、開口の建物側の縁に設ける部材。

3 玄関まわりの収納物を思い出してみる

玄関まわりにストックされる物は多種多様で、しかもサイズが大きい。すっきりと納めたり、使い勝手優先でルーズに納めるにしても、プランをまとめるきっかけのひとつになる。

玄関まわりに集まる物たち

4 動線への接続から考えてみる

玄関を考えるとき、内部の動線とのセットで検討しよう。それは同時に、室の配列をイメージすることでもある。

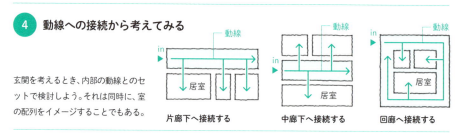

片廊下へ接続する　　中廊下へ接続する　　回廊へ接続する

5 玄関まわりを拡張させてみる

玄関まわりに存在するそれぞれの機能について、同じ場所に重ね合わせたり、隣合わせに配置してみよう。空間的な広がりを獲得したり、行為が連鎖的につながっていく。

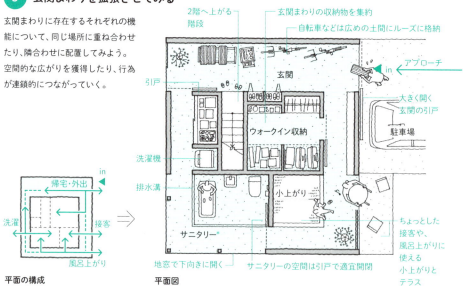

平面の構成　　平面図

[ワンポイント] 現在の玄関に抱いている、固定観念からの脱却が必要かもしれない。たとえば、「もしも住宅の玄関が、仕事場と兼用だったら…」「リビングと兼用だったら…」などと想像してみよう。

SECTION 25・玄関まわりのカタチ

CASE STUDY 25 | 事例から学ぶカタチと空間

玄関を居場所にして、暮らしを外へ近づける

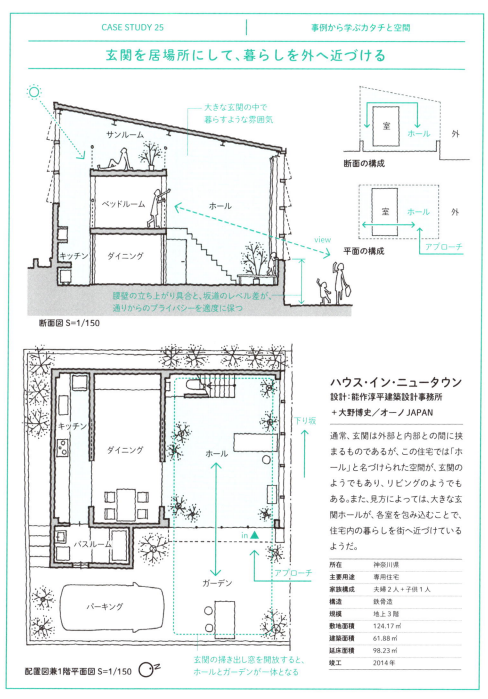

ハウス・イン・ニュータウン
設計：能作淳平建築設計事務所
＋大野博史／オーノJAPAN

通常、玄関は外部と内部との間に挟まるものであるが、この住宅では「ホール」と名づけられた空間が、玄関のようでもあり、リビングのようでもある。また、見方によっては、大きな玄関ホールが、各室を包み込むことで、住宅内の暮らしを街へ近づけているようだ。

所在	神奈川県
主要用途	専用住宅
家族構成	夫婦2人＋子供1人
構造	鉄骨造
規模	地上3階
敷地面積	124.17㎡
建築面積	61.88㎡
延床面積	98.23㎡
竣工	2014年

＊サニタリー：トイレや浴室、洗面・脱衣室など、「衛生」を目的とした機能をもつ空間や設備の総称。要するに「水まわり」を表すが、この場合、キッチンは含まれない。

CHAPTER 04・室のまとまりがつくるカタチ

EXERCISE・04
[断面でみる、暮らしを構成するカタチと寸法]

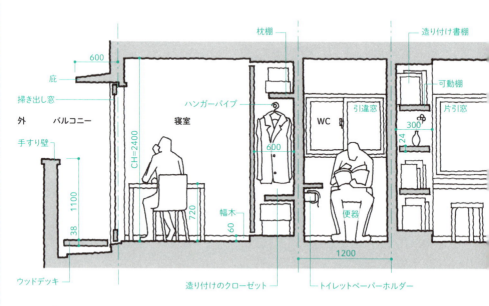

←------------------------------ 寝室まわり ------------------------------→

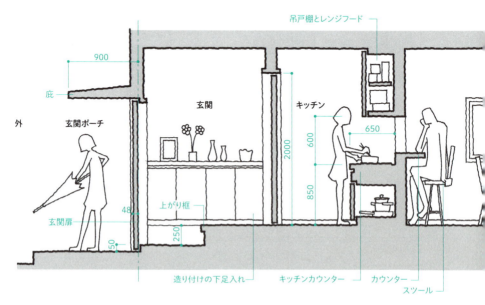

←------------ 玄関まわり ------------→

EXERCISE 04・断面でみる、暮らしを構成するカタチと寸法

住宅の空間には、どこの家でも、それほど変わらない要素や寸法が多く含まれている。けれど、意識して観察しないと、なかなか自分の知識になり難いものだ。身近な暮らしをリサーチして、自分の基準をつくり出そう。

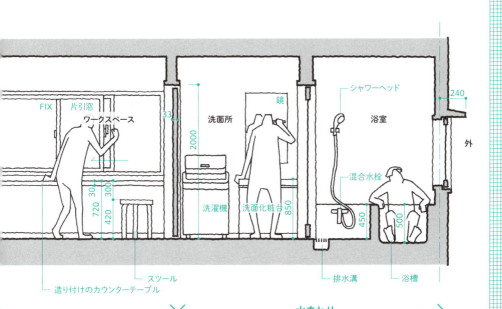

水まわり

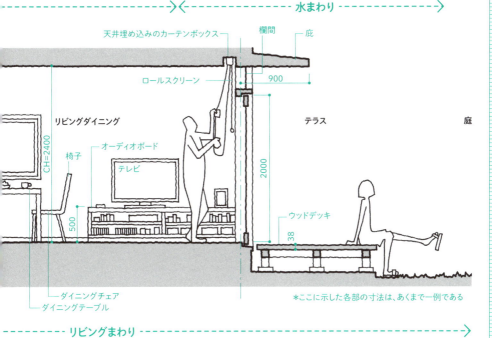

＊ここに示した各部の寸法は、あくまで一例である

リビングまわり

CHAPTER 5

ちょっとした居場所のカタチ

単なるひとつの室だと思っていても、実はその中は一様な空間ではない。窓際や壁際、隣り合う室との境界付近など、それぞれに性格の違いがあり、それらの集まりを「○○室」と総称しているとも言える。ここでは、住宅の中にありがちだけれど、名前のない小さなコーナーや、本来は居室と見なされない「余白」にフォーカスし、そこでの居場所の設え方や過ごし方、気分を想像しつつ、住宅に生活感を盛り込んでいこう。

SECTION 26 隠れ処生活のカタチ

　見通しの良い、広く開放的な空間で、のびのびと暮らすのは良いものだ。また、リビングに家族や友人たちが集まって、和気あいあいと過ごすのも悪くない。

　けれど、いくら仲が良いとはいっても、ときにはひとりになりたいことだってあるし、そんなときの気分には、案外窮屈な空間の方が居心地が良いとさえ思えてくる。

だから、自分だけの孤独な時間が流れるような環境を、住宅のどこかに仕掛けてみよう。それは必ずしも、一部屋を確保するような、大げさな方法ではないかもしれない。

　住宅内に、ちょっとした余白を見つけたり、わずかに拡張してみたり、死角を設けてみよう。これ見よがしではなく、あえて隙をつくるようなやり方で。

[ワンポイント] そもそも、隠れ処を想起させるシチュエーションには、どんな状況があり得るだろうか？これまでの経験を思い返してリストアップしてみよう。

SECTION 26・隠れ処生活のカタチ

1 隠れ処の設えを考えてみる

とっておきの居場所だけれど、あくまでプラスアルファの空間だから、欲張りすぎず、簡素にまとめたい。床・壁・天井・開口部などの空間の基本要素を用いて、最小限の構成で考えよう。

覗き窓
居室側から中の様子が、チラリと見える程度のつながりが丁度いい

開口部
ここからしか臨めない、とっておきの景色を切り取りたい

床のレベル差や座の形式
周囲の空間と床レベルを変えたり、床座[→sec.27]を取り入れることで、普段の居場所と異なる、特別な雰囲気を強調できる

2 隠れ処的な居場所の条件を考えてみる

リビングなどは、誰でも共通に認識している住宅のメインとなる空間だ。そんな室のかたわらに、ふだんの過ごし方から切り離された、隠れ処的な空間のあり方について想像してみよう。そこへのアプローチだって、潜り込むことを思い描くだけで、ワクワクするような方法がいい。

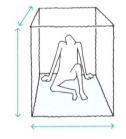
適度にフィットするサイズ

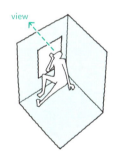
集中して浸れる環境

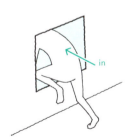
にじり口*のように、入り込む居場所

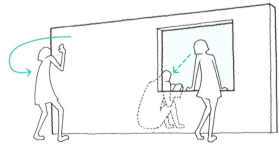
回り込んだ先の居場所　　壁の向こう側にある居場所

＊にじり口：簡素で小規模な草庵茶室でしばしば見られる、客用の出入口のこと。開口サイズは、幅2尺1寸(約636mm)×高さ2尺3寸(約697mm)程度のため、身をかがめて、くぐるようにして入り込む。

③ 隠れ処的な空間を平面から考えてみる

chapter 1 で示した、カタチから空間を考えていく方法は、建築全体の構成だけでなく、小さな、部分の空間でも反復するように用いるとよい。隠れ処的な空間を生み出すには、どんなカタチが適しているだろうか？

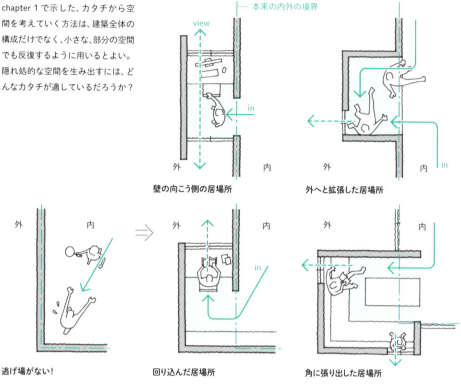

④ 隠れ処的な空間を断面から考えてみる

必ずしも、こぢんまりした空間が「隠れ処的」とは限らない。本来、あり得ない状況だからこそ「隠れ処」と呼べるのだ。主室に対して、どんなプラスアルファの方法があり得るだろうか？

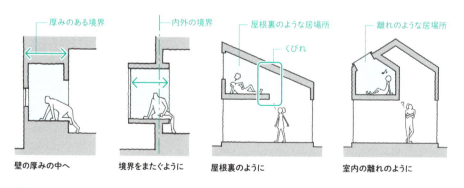

[**ワンポイント**] ひとり、隠れ処にこもるといっても、さまざまな趣向があると思う。「包み込まれるような場所で、自分の内面へ向かいたい」とか、「自然に解き放たれたい」など、ニーズに応じた在り方を考えてみよう。

SECTION 26・隠れ処生活のカタチ

CASE STUDY 26 | 事例から学ぶカタチと空間

L字壁の集まりで、住宅全体を隠れ処のようにする

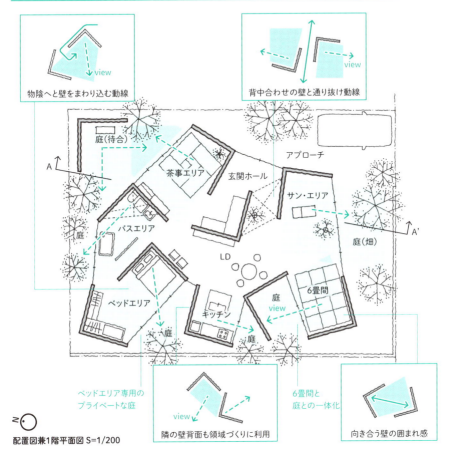

配置図兼1階平面図 S=1/200

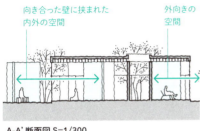

A-A'断面図 S=1/300

house I
設計：宮晶子／STUDIO 2A

分散配置された10枚のL字壁により、さまざまな物陰のような居場所が形成された住宅。隣り合う壁同士の向き合い方によって、居場所の領域や向き、まわり込む動線などがつくり出されている。

所在	神奈川県
主要用途	専用住宅
家族構成	夫婦
構造	鉄筋コンクリート造＋木造(屋根)
規模	地上1階
敷地面積	231.42 ㎡
建築面積	108.41 ㎡
延床面積	108.41 ㎡
竣工	2009年

SECTION 27 | 床座生活のカタチ

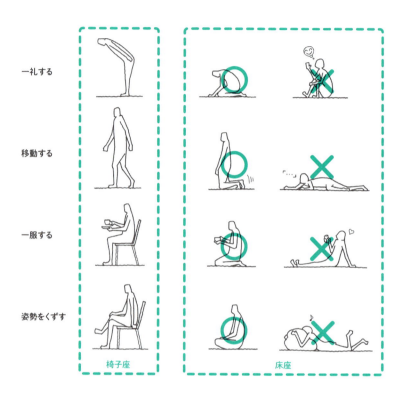

　日本人は、家の中で靴を脱ぐ生活習慣ゆえに、椅子やソファに腰かけるだけでなく、床さえも身体を預ける対象にできる。椅子に腰かける座の形式を「椅子座」、床に腰を下ろす形式を「床座」*と呼び、日本の住宅では、これらの形式を混在させながら今日の住居様式に至っている。

　昨今は、食事にダイニングテーブルとチェアを用いる椅子座がほとんどであるし、床座の部屋をもたない住宅も多い。

　けれど、飲食店の席や旅館の客室などで体験する、床座特有のしゃんとした緊張感や、その反面、ごろごろしやすいリラックス感は良いものだ。伝統を守るとか大仰な志でなく、僕ら自身が肌で感じられる心地良さ優先で考えていこう。

 [ワンポイント] もしも床座に興味をもったなら、伝統的な和風建築の文献にも手を伸ばしてみよう。そのとき、「床の構成」とか「空間の仕切り」など、自分の興味ある視点で読み進めると吸収しやすいと思う。

SECTION 27・床座生活のカタチ

1 床座の設えを考えてみる

地窓
床座の低い視点に合わせて、低い位置に開口部を設けてみる

垂れ壁
周囲から空間を
ゆるやかに分節する。
合わせて天井を低くすることで、
親密感を向上させるのもいい

床仕上げ
畳でも板張りでも、
ごろごろできる居心地を重視した
床仕上げを想定しよう

床のレベル差
周囲の空間との区別を
強調するだけでなく、
家の中へ向き合う縁側のように

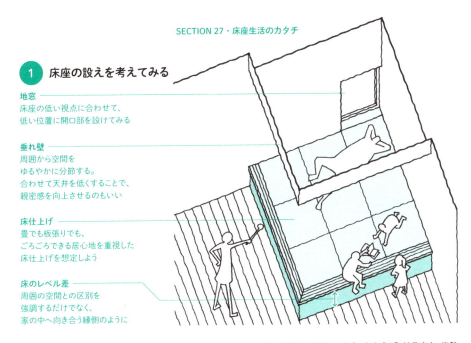

もしも、リビングまわりに椅子座と床座を混在させるなら、それぞれの役割を明確にしよう。たとえば、椅子座を、姿勢を正しての食事や作業の場とするなら、床座は、ぶらりと立ち寄れて、融通のきく居場所になるだろう。

2 床座空間の高さ寸法に注目してみる

開口部の位置や高さ、椅子に腰かけた人との視点の差、それらを調整する床レベル、ほどよい天井高さなど、床座の低い視点に注目して、周囲との関係を考えてみよう。

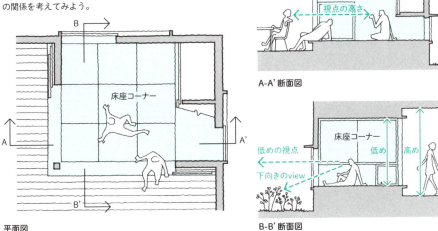

＊床座：元来、床に座る日本人の暮らしのなかに、椅子に座る生活様式が入ってきたのは明治期。現代のような椅子座と床座の混用が、一般家庭で普及したのは、第2次世界大戦以降のことである。

③ ダイニングを床座にしてみる

床座でも足を下ろせれば、楽な姿勢で過ごすことができる。掘りごたつ風に足元を掘り込んで、ベンチのような気楽さと、足を伸ばせる開放感とを両立させよう。

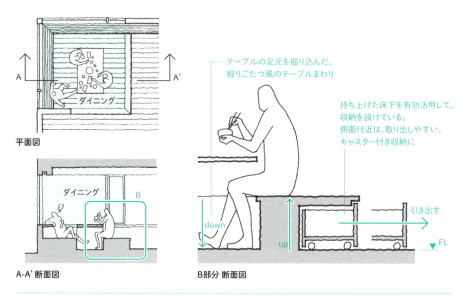

④ リビングも床座にしてみる

下図は、造り付けソファの座面を床レベルに揃えてみた場合。さらに、掘り込んだ床に直接腰を下ろせば、まるで湯船に浸かる気分を味わえる。

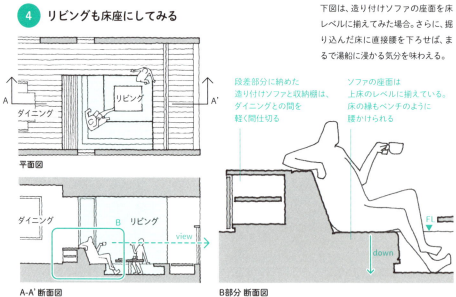

[ワンポイント] かつて、1970年代中頃のモダンな住宅のなかには、「リビングピット」と呼ばれる、シャギーカーペットを敷いた洋風床座スタイルがみられた。家具を最小限に抑えた、当時の床座空間を観察してみよう。

SECTION 27・床座生活のカタチ

CASE STUDY 27 | 事例から学ぶカタチと空間

内とも外ともつながる床座空間

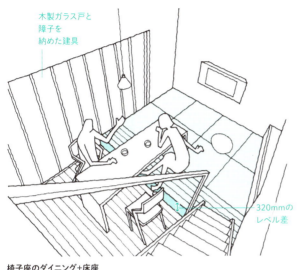

木製ガラス戸と障子を納めた建具

320mmのレベル差

椅子座のダイニング+床座

Yawn House
設計：小泉誠

リビングの一角に、320mm持ち上げた床座の小上がりを設けている。自由に動かせるテーブルは、床座と椅子座の空間にまたがり、たとえば食事のときは、床座部分もダイニングの一部になる。また、テーブルをクルッと回転させれば、床座は外部のデッキと一体になり、床のレベル差は、縁側のような腰掛けへと変化する。さらに、床座は2階へ上がる階段の踊り場のようでもあり、日常的な動線のなかに、寄り道できる居場所がつくり出されている。

所在	神奈川県
主要用途	専用住宅
家族構成	夫婦＋猫
構造	木造在来工法
規模	地上2階
敷地面積	186.39 ㎡
建築面積	47.52 ㎡
延床面積	80.48 ㎡
竣工	2005年

建具を戸袋に引き込んで全面開口

外部のデッキ+床座

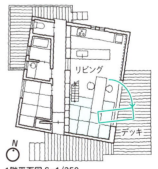

1階平面図 S=1/250

CHAPTER 05・ちょっとした居場所のカタチ

SECTION
28 　土間生活のカタチ

外からガレージを引き寄せる

内から浴室を押し出す

外から庭を引き寄せる

内からダイニングを押し出す

　かつての日本の民家では、土間は外との出入りの機能だけでなく、農機具の手入れを行う作業場や、炊事場としての機能を合わせもっていた。そのため、床は三和土＊と呼ばれる、防水性のある仕上げが施され、作業に十分な広さが確保されていた。また、暮らし方の面では、床上空間との連続性・連動性が必要とされていた。

　見方を変えると、土間と床上空間とは、ひとつ屋根の下を、屋外的機能と屋内的機能とに振り分けた、対等な関係の空間であるといえるだろう。

　現代の住生活では、ほぼ全ての機能が、ピカピカに磨き上げられたフローリングの上にあるけれど、ラフでルーズな使い勝手の居場所があってもいいと思う。

 [**ワンポイント**] もしも、あなたの住まいの玄関が広い土間であったなら、「どんな使い方を実践してみたいか」とか、「いまの暮らしがどんな風に変わるか」などと想像してみよう。

SECTION 28・土間生活のカタチ

1 土間の設えを考えてみる

室内の一部でありながら、外を引き込んだようでもあるのが土間の特徴。床上との段差や、庭との開口部など、それぞれの境界部分を工夫して、内外をスムーズに橋渡ししよう。

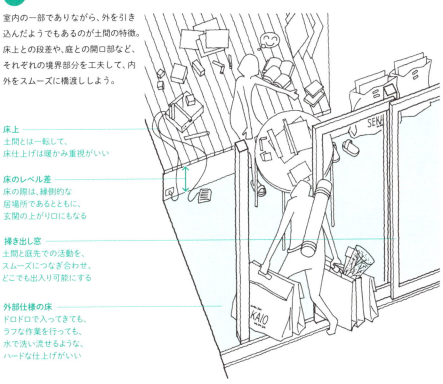

床上
土間とは一転して、床仕上げは暖かみ重視がいい

床のレベル差
床の際は、縁側的な居場所であるとともに、玄関の上がり口にもなる

掃き出し窓
土間と庭先での活動を、スムーズにつなぎ合わせ、どこでも出入り可能にする

外部仕様の床
ドロドロで入ってきても、ラフな作業を行っても、水で洗い流せるような、ハードな仕上げがいい

2 土間を住宅内に浸透させてみる

廊下を土間に置き換えてみると、それぞれの室が住宅の中に浮かぶ「島」のように思えてくる。さらに、土間の幅を広げてみると、単なる動線や隙間だったものが、島同士をつなぐ居場所に変化する。

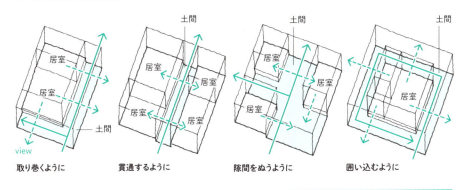

取り巻くように　　貫通するように　　隙間をぬうように　　囲い込むように

＊三和土（たたき）：現代の住宅において、「たたき」といえば玄関の土足エリアの床そのものをさすけれど、本来の「たたき」とは、赤土や砂利などと、水酸化カルシウム、にがりを練り混ぜて、塗りたたき固める材料のこと。

3 開閉自在な土間を考えてみる

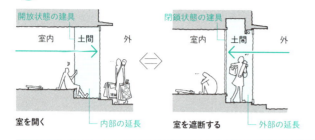

土間は、屋内ではあるけれど、外部の床仕上げをもつ、内外の中間的な場所だ。だから、土間に面した建具の開閉によって、室内になったり、屋外になったりと、その位置づけを自在に変化させることができる。

4 土間を居場所化してみる

土間に、動線もしくは内外のバッファとしての役割だけでなく、暮らしのための機能を与えて、いつでも使える状況を用意しよう。

土間に家事機能を設けてみる　　　　土間で向き合う内と外

5 土間で室内環境を調整してみる

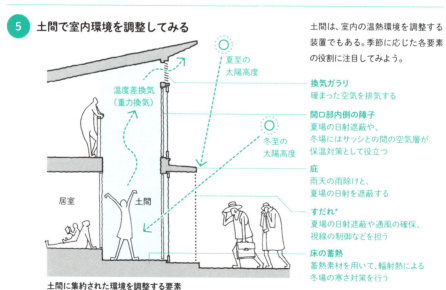

土間は、室内の温熱環境を調整する装置でもある。季節に応じた各要素の役割に注目してみよう。

換気ガラリ
暖まった空気を排気する

開口部内側の障子
夏場の日射遮蔽や、冬場にはサッシとの間の空気層が保温対策として役立つ

庇
雨天の雨除けと、夏場の日射を遮蔽する

すだれ*
夏場の日射遮蔽や通風の確保、視線の制御などを担う

床の蓄熱
蓄熱素材を用いて、輻射熱による冬場の寒さ対策を行う

土間に集約された環境を調整する要素

[**ワンポイント**] もしも、あなたの住んでいる家の、「廊下が全て、玄関から連続した土間だったら」とか、「リビングの窓際部分が土間だったら」など、いろいろな場所を土間に置き換えた空間を想像してみよう。

SECTION 28・土間生活のカタチ

CASE STUDY 28 | 事例から学ぶカタチと空間

二世帯で共有する土間に、暮らしの機能を配置する

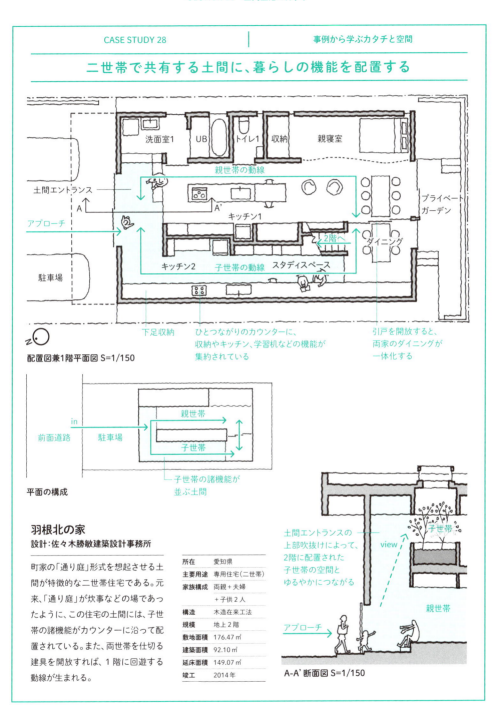

配置図兼1階平面図 S=1/150

平面の構成

羽根北の家
設計：佐々木勝敏建築設計事務所

町家の「通り庭」形式を想起させる土間が特徴的な二世帯住宅である。元来、「通り庭」が炊事などの場であったように、この住宅の土間には、子世帯の諸機能がカウンターに沿って配置されている。また、両世帯を仕切る建具を開放すれば、1階に回遊する動線が生まれる。

所在	愛知県
主要用途	専用住宅(二世帯)
家族構成	両親＋夫婦＋子供2人
構造	木造在来工法
規模	地上2階
敷地面積	176.47㎡
建築面積	92.10㎡
延床面積	149.07㎡
竣工	2014年

A-A'断面図 S=1/150

＊すだれ：細く割った竹を編んだ簡易なスクリーン。たいていは、開口部の外側に吊るす。似たものに「よしず」があるが、こちらは葦(あし)を編んだ、開口部の外側に立てかけて使うスクリーン。

SECTION 29 窓辺生活のカタチ

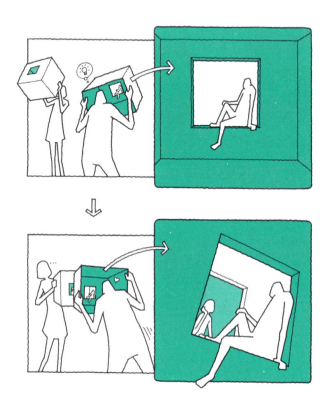

　建築の元来の目的は、人間の身体や生活を保護するシェルターのようなものだ。そんななかで、窓の存在は、床・壁・天井で囲まれた室内空間に居ながらも、外とのつながりを実感させてくれる。額縁に縁どられた絵画を鑑賞するように眺望へ想いを馳せたり、暖かな日差しに包まれたり、心地良い風を感じられるのが窓である。

　そんな窓の恩恵を授かれる居場所を、ここでは「窓辺」と定義してみる。

　窓は単なる建築のエレメントのひとつだけれど、「窓辺」は窓の近辺（内側はもちろん、外側へ拡張してとらえてもいいと思う）の、奥行きをもった空間だ。そこでの過ごし方をイメージしながら、窓まわりの設えについて考えてみよう。

 [**ワンポイント**] もしも、あなたが暮らしている部屋の窓際、奥行き1mくらいの部分だけ、床が350mm程度高くなっていたなら、どんな風に過ごせるか想像してみよう。

SECTION 29・窓辺生活のカタチ

1　窓辺の設えを考えてみる

開口部
景色を切りとる眺望や、
外で佇むかのような開放感を大事にしたい。
状況に応じて適切な、
位置・サイズ・開き方を検討してみよう

景色を切り取る額縁
離れて見ると、窓の外の景色を
切り取る額縁のようで、
その世界に入り込めるのが窓辺

人が納まる奥行き
窓のそばに、居座ることのできる
空間があってこそ「窓辺」。
奥行きのある出窓の中に、
すっぽりと身体が納まるように

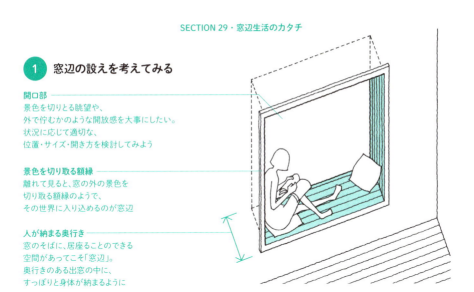

「自分と外の景色」だけがそこにあるような、そんな自分だけの世界に浸れる窓辺にしたい。そのためには、窓の傍らに、ふだんの場所や時間と少しだけ切り離された居場所をイメージしてみるといい。

2　単なる「窓際」を「窓辺」に変えてみる

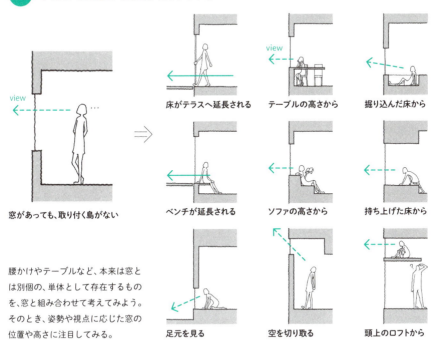

窓があっても、取り付く島がない

床がテラスへ延長される　テーブルの高さから　掘り込んだ床から

ベンチが延長される　ソファの高さから　持ち上げた床から

足元を見る　空を切り取る　頭上のロフトから

腰かけやテーブルなど、本来は窓とは別個の、単体として存在するものを、窓と組み合わせて考えてみよう。そのとき、姿勢や視点に応じた窓の位置や高さに注目してみる。

CHAPTER 05・ちょっとした居場所のカタチ

3　住宅内でのシーンに応じた窓辺を考えてみる

住宅内の各室では、それぞれの行為や過ごし方があるように、窓辺も、それぞれなりに窓まわりエレメントを設えて、何気なく引き寄せられるような居場所として定着させよう。

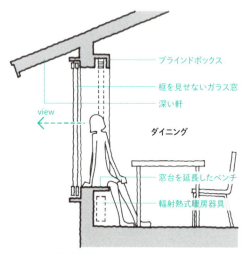

ベンチのある窓辺
腰かけの高さの窓台を、奥行きを延長して、
ダイニングのベンチにしてみる。
つい、よそ見してしまうくらいが丁度いい

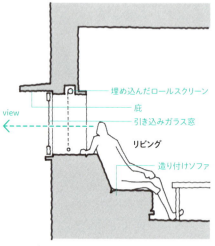

ソファのある窓辺
造り付けたソファに、開口部の位置を揃えてみる。
振り返ると、肩越しに、いつもの景色があるように

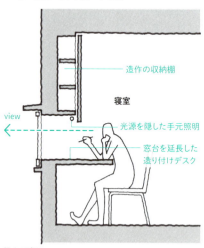

机上の窓辺
造り付けデスクの天板と壁面収納の
隙間を開口部にしてみる。
手元から、ふと視線を上げてクールダウンするように

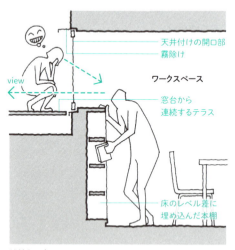

地続きの窓辺
半地下の室で、地上に向けて開いた開口を、
テラスの床面に合わせてみる。
地面に居るアリの視点で見るように

　[ワンポイント] たいていの窓辺は、外へと寄り添うものだけれど、右ページで紹介する事例のように、室同士が向き合う窓辺もあり得る。あなたなら、どんな室同士をつなぐ窓辺にしたいだろうか？

SECTION 29・窓辺生活のカタチ

CASE STUDY 29 | 事例から学ぶカタチと空間

壁の表と裏で、表情が変わる開口部

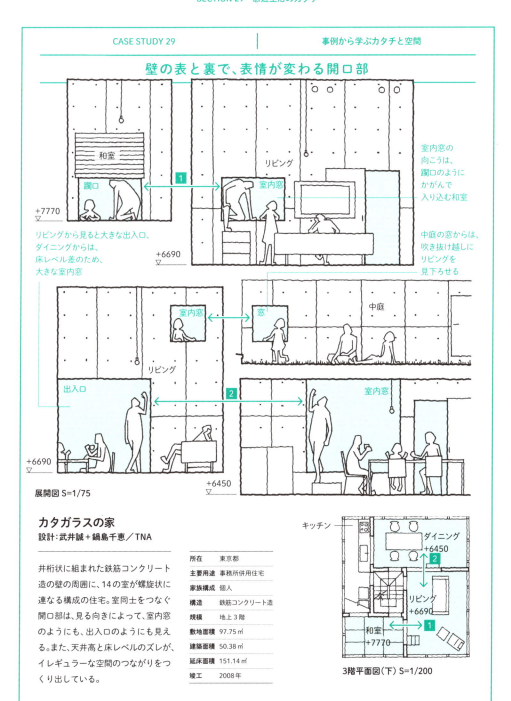

カタガラスの家
設計：武井誠＋鍋島千恵／TNA

井桁状に組まれた鉄筋コンクリート造の壁の周囲に、14の室が螺旋状に連なる構成の住宅。室同士をつなぐ開口部は、見る向きによって、室内窓のようにも、出入口のようにも見える。また、天井高と床レベルのズレが、イレギュラーな空間のつながりをつくり出している。

所在	東京都
主要用途	事務所併用住宅
家族構成	個人
構造	鉄筋コンクリート造
規模	地上3階
敷地面積	97.75㎡
建築面積	50.38㎡
延床面積	151.14㎡
竣工	2008年

3階平面図（下）S=1/200

CHAPTER 05・ちょっとした居場所のカタチ

SECTION 30 | テラス生活のカタチ

Before
テラスなし

After
テラスあり

　テラスは、住宅の屋外に設ける付属物だから、ともすれば後回しで考えがちだ。けれど、外部空間であっても、「床・壁・天井」のいずれかを用いた居場所である限り、ウッドデッキのテラスも建築空間のひとつと言える。

　テラスを考えるときには、水際の構造物を想像するといい。河岸に沿ったボードウォーク＊や、水面に張り出した桟橋は、陸地と水面とをつなぎ、それらの狭間に居ることを楽しむための場所だ。住宅のテラスも同様に、室内を庭へと拡張して、水際に佇む気分で、屋外の居場所づくりを考えてみよう。このとき大切なのは、テラスを付属物ではなく、建築の一部として、最初から想定しておくことだ。

 [ワンポイント]テラスが特徴的な住宅事例を集めて、どんなカタチの建築空間にテラスを設けているのか観察してみよう。そのとき、テラスに面しているのは、どんな室だろうか？

SECTION 30・テラス生活のカタチ

1 テラスの設えを考えてみる

庇
少しくらいの雨なら、
テラスに出られるよう、
深めの庇を確保したい。
もちろん夏場の日除けとしても重要

掃き出しのガラス戸
ここぞとばかりに、
大胆に開放性重視で考えたい。
開けたときには、
1カ所にまとめられるといい

揃えた床レベル
ガラス戸を開けると、
内外が自然に連続するように。
フローリングとデッキの目地も、
それとなく向きを揃えて、
つながりを強調しよう

ウッドデッキ
「たまたま外にある室」
のような居場所だから、
テーブルや椅子、
ベンチなどが置けるくらいに、
ほどよく奥行きを確保したい

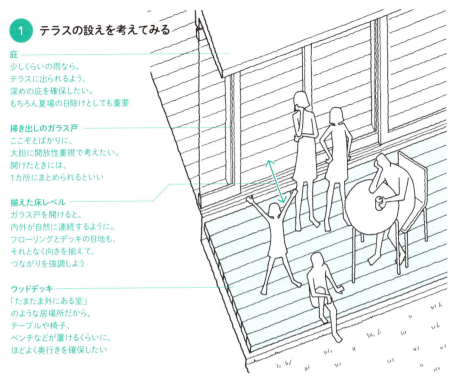

たいていの木造住宅では、床下の通気のため、1階の床が、地盤面から500mm程度持ち上げられている。このレベル差をまたぐのは、正直、おっくうに感じる。まずは、ストレスなくテラスへ出られること、そして、居場所としての設えについて考えてみよう。

2 テラスの配置方法からカタチを考えてみる

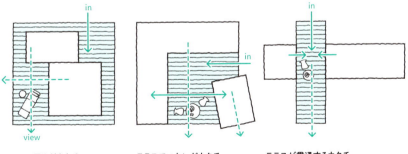

テラスで囲んだカタチ　　テラスでつないだカタチ　　テラスが貫通するカタチ

もしもテラスを設けるならば、計画の当初から、ボリュームと合わせて想定しておこう。いっそのこと、テラスを主体に、住宅全体の配置を考えることも可能だ。

＊ボードウォーク：河岸や砂浜などの、足場の良くない場所に設けられる木板張りの遊歩道（木道）のこと。また木道は、水際ばかりでなく、自然環境を保護する目的で、湿原や森の中にもつくられる。

3 それぞれのゾーンで、テラスの役割を考えてみる

テラスは、リビングまわりの空間に付属させて設けることが多いけれど、その他のゾーンでも、外部空間を活用する機会はあるはず。それぞれのゾーンに適した、テラスの具体的な使い方や過ごし方について考えてみよう。

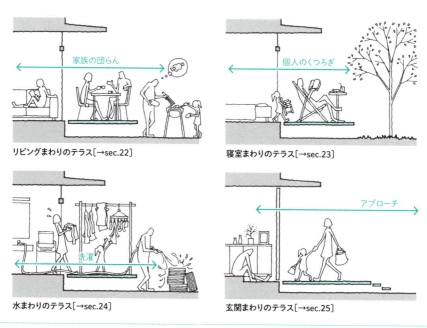

リビングまわりのテラス[→sec.22]

寝室まわりのテラス[→sec.23]

水まわりのテラス[→sec.24]

玄関まわりのテラス[→sec.25]

4 「テラスだけ」で住宅を考えてみる

「テラスの開放的で清々しい居心地で、日常を過ごせたら素敵だなぁ…」、そんな風に感じたら、住宅全体が「テラスだけ」で構成されたイメージからスタートしてみよう。テラスに機能を割り当て、それぞれの過ごし方から空間を具体化していくといい。

テラスの床に機能を見立て、積み上げてみる[→sec.05]

[ワンポイント] テラスは、室内の床を外部に延長したものだと考えられる。住宅内部での暮らしのうちで、どんな過ごし方や使い方を、テラスの上に持ち出せるだろうか。

SECTION 30・テラス生活のカタチ

| CASE STUDY 30 | 事例から学ぶカタチと空間 |

部屋の間に外を挟み込み、距離をつくり出すテラス

玄関をくぐると、「中庭」越しに「部屋3」、デッキへと視線が伸びる

上部に隠れ処的なロフトがある「隙間1」

配置図兼1階平面図 S=1/150

造り付けデスクのある「隙間3」からは、「中庭」越しに「部屋2」、前面道路へと視線が伸びる

綴の家
設計：植木幹也＋植木茶織／スタジオシナプス

四隅に配置された部屋の間に、「中庭」のテラスと、そこから連続的な外のような「隙間」が挟み込まれている。これらは、部屋同士に適度な距離感をつくり出すバッファとなっている。また、「隙間」はすぐそばにありながら、隠れ処のような居場所として設えられている。

所在	群馬県
主要用途	専用住宅
家族構成	夫婦＋子供2人
構造	木造在来工法
規模	地上1階
敷地面積	324.77㎡
建築面積	108.95㎡
延床面積	108.95㎡
竣工	2011年

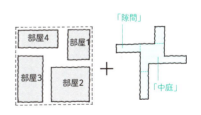

平面の構成

わずかに離して配置された4つの部屋と、それらの間に挟み込んだ「中庭」と「隙間」

CHAPTER 05・ちょっとした居場所のカタチ

EXERCISE・05
[居場所をつくるカタチ]

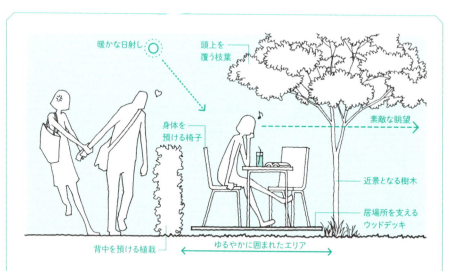

屋外での居心地を観察してみる

屋外では、室内ほど建築に包み込まれてはいないけれど、空間を形づくる基本的な要素が「床・壁・天井」であることに変わりはない。むしろ、要素が絞り込まれた分だけ、シンプルでピュアな状態の空間を観察できる機会といえる。

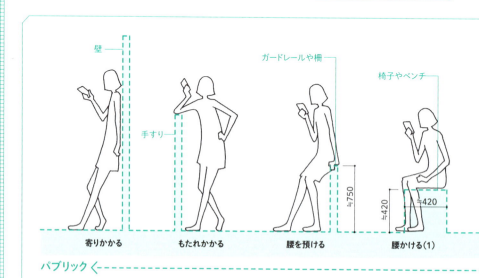

EXERCISE 05・居場所をつくるカタチ

心地良い居場所を考えていくためには、建築の内外を問わず、幅広いシチュエーションを観察し、ストックしていこう。それらについて、「なにが心地良さの要因となっているのか?」と考察したり、住宅内での空間や、過ごし方と重ね合わせてみるといい。

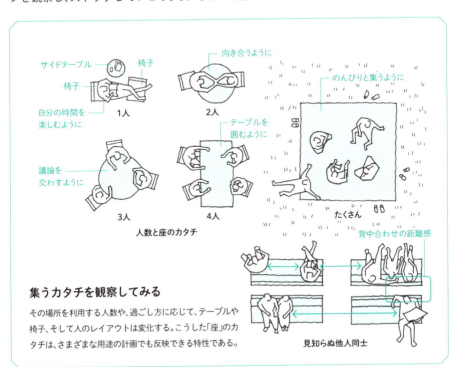

集うカタチを観察してみる

その場所を利用する人数や、過ごし方に応じて、テーブルや椅子、そして人のレイアウトは変化する。こうした「座」のカタチは、さまざまな用途の計画でも反映できる特性である。

くつろぐ姿勢と、身体を預けるものを観察してみる

現代の日本の生活様式は、椅子座と床座のハイブリッドである。椅子やソファなどの家具だけでなく、床さえも、身体を預ける対象になるため、くつろぎの姿勢もバリエーション豊富だ。あなたがくつろげる姿勢と、その寸法を知っておこう。

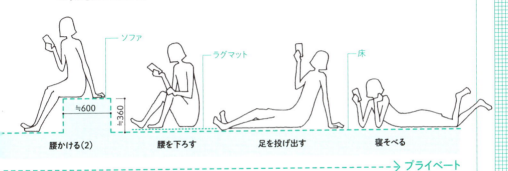

おわりに

　この本では、住宅を対象として、「カタチ」から考えるときの30の視点について記してきた。建築の用途がたくさんあるなかで、あえて住宅に絞ったのは、課題で出題されやすいという理由だけではない。はじめのうちは、「空間」とは、なかなか実感が湧きにくいものだ。けれど、住宅であれば、みなさんの日々の生活や、自らの体験と重ね合わせて考えていきやすいはず。

　図中に描き込んだ人物などの添景は、読んでいただくときに、口当たりをマイルドにする効果を期待しつつも、僕が感じた気分だとか、小さな物語を込めてみた。

　住宅での現実の生活は、泣いたり怒ったり、ほっこりしてみたり、そんなあなた自身のふるまいや、感じている気分を「カタチ」のなかに想像してみてほしい。

　さらに、この先のステップで、なんらかの空間づくりに取り組むとき、「カタチ」が有効なのは住宅に限らない。

　もちろん、用途や機能や規模が違えば、それぞれなりのリサーチや対応が必要になる。けれど、自分のボキャブラリーとしてストックされた「カタチ」は、そして抽象的にとらえる視点は、建築の種類が異なる課題でも、卒業設計でも、実務の設計でも、普遍的に活用できると思う。

　だから、「カタチ」を存分に集め、じっくりと観察していこう。

　この本をつくるにあたり、事例として作品の掲載許可をいただきました、建築家のみなさまには、深く感謝いたします。著者の力量不足のため、優れた作品に対して、一面的な解説しかできなかったことをお許し願います。

　執筆の機会をプロデュースしてくださり、迷いがちな僕に、要所要所で大切な助言をくださった中山繁信先生には、心からの感謝の気持ちでいっぱいです。

　そして、一向に完成に至らない作業に辛抱強くつき合っていただいた彰国社の尾関恵さん。グサッと刺さる鋭い指摘に、多くの面で助けられました。

　また英文タイトルでは、松下希和さん、ジェームス・ランビアーシさんから、的確かつ素敵なアドバイスをいただきました。

　さらに、エディトリアルデザインをご担当いただいたBeachの浜名信次さん、濱本富士子さん。堅くなりがちな僕の原稿が、おかげさまでソフトな仕立てに様変わりしました。

　最後に、工学院大学でのみなさんとの楽しい対話が、本書のきっかけになりました。

　本当にありがとうございました。

2016年8月　大塚 篤

住宅以外の
空間づくりも
「カタチ」から
はじめてみる。

大塚 篤
Atsushi Otsuka

1971年 東京都生まれ
1996年 工学院大学大学院工学研究科建築学専攻修士課程修了
2006年 工学院大学大学院工学研究科建築学専攻博士課程満期退学

設計事務所、工学院大学専門学校専任講師を経て、
現在　工学院大学建築学部建築系学科実習指導教員
博士(工学)　一級建築士
ソフトユニオン会員

主な著作
『屋根から読み解く住宅の空間』彰国社、2024年
『世界で一番やさしいエコ住宅』エクスナレッジ、2011年(共著)
『北欧の巨匠に学ぶ図法　家具・インテリア・建築のデザイン基礎』彰国社、2012年(共著)
『実務初心者からの木造住宅矩計図・詳細図の描き方』彰国社、2014年(共著)
『家づくりの裏ワザアイデア図鑑』エクスナレッジ、2015年(共著)など
『「境界」から考える住宅　空間のつなぎ方を読み解く』彰国社、2017年(共著)
『階段から考える住宅設計　54の事例から空間構成と詳細図を読み解く』彰国社、2021年(共著)

ブックデザイン：浜名信次　濱本富士子(Beach)

カタチから考える住宅発想法　「空間づくり」をはじめるための思考のレッスン

2016年10月10日　第1版　発　行
2024年 4 月10日　第1版　第6刷

著　者	大　塚　　　　　篤
発行者	下　出　雅　徳
発行所	株式会社　彰　国　社

著作権者との協定により検印省略

自然科学書協会会員
工学書協会会員

Printed in Japan

Ⓒ大塚　篤　2016年

ISBN 978-4-395-32074-5 C3052

162-0067　東京都新宿区富久町8-21
電話　　03-3359-3231（大代表）
振替口座　00160-2-173401

印刷：真興社　製本：ブロケード

https://www.shokokusha.co.jp

本書の内容の一部あるいは全部を、無断で複写（コピー）、複製、および磁気または光記録媒体等への入力を禁止します。許諾については小社あてにご照会ください。